CUENTOS SIMPÁTICOS

A graded reader for intermediate students

Rubin Pfeiffer
De Witt Clinton High School
New York City

 NATIONAL TEXTBOOK COMPANY • *Lincolnwood, Illinois U.S.A.*

A Note to Students

You have finally reached the point where reading in a second language can be entertaining and satisfying, as well as instructional. This book, whether you are reading it in Spanish, French, Italian, or German, is guaranteed to give you satisfaction *and* the confidence that you can grow in the language you are studying.

Most of these stories have a humorous twist; most can be read within one classroom period. Vocabulary and grammar have been kept at your level, so that you can enjoy the stories with normal effort.

After completing these humorous tales, you will look forward to reading all of the volumes in the set for the language you are studying. There are four sets in all. In Spanish, you will find *Diálogos simpáticos, Cuentitos simpáticos,* and *Cuentos simpáticos;* in French, *Dialogues sympathiques, Petits contes sympathiques,* and *Contes sympathiques;* in Italian, *Dialoghi simpatici, Raccontini simpatici,* and *Racconti simpatici;* and in German, *Lustige Dialoge, Lustige Geschichten,* and *Spannende Geschichten.* Whatever language you are studying, you will find much to learn and enjoy in these books.

1987 Printing

Copyright © 1983, 1978 by National Textbook Company
4255 West Touhy Avenue
Lincolnwood (Chicago), Illinois 60646-1975 U.S.A.
All rights reserved. No part of this book may
be reproduced, stored in a retrieval system, or
transmitted in any form or by any means, electronic,
mechanical, photocopying, recording or otherwise,
without the prior permission of National Textbook Company.
Manufactured in the United States of America.

7 8 9 0 ML 9 8 7 6 5

Introduction

Cuentos simpáticos has been developed for the enjoyment of intermediate students of Spanish. The thirty colorful stories assembled here are challenging but brief, a favored combination according to students and teachers responding to high school classroom field tests. Each story is tailored to a class period, enabling the pupil to sustain interest in the material.

Hispanics—Spanish-American and Peninsular—receive sympathetic treatment throughout the book, and the reader delights at finding abundant references to Spanish ways, customs, and temperament. Spanish history and art, as well as bullfighting and popular entertainment, are highlighted. These topics, in particular, require a specialized vocabulary, and marginal glosses supply meaning for unfamiliar terms. The end vocabulary lists all the words found in the book along with idioms and phrases.

Cuentos simpáticos makes a perfect companion to popular basic textbooks. Since more than ninety percent of the words appearing here are contained within the 1,500 entries in the *Keniston Standard List,* they will correspond readily to the vocabulary of popular basic textbooks.

The reader familiar with *Cuentitos simpáticos* will find a similar format employed here. The novice will appreciate its logical design. More sophisticated grammatical forms and conversational abilities are tested and developed with this volume. Each reading is followed by exercises emphasizing story comprehension, and by questions which ask the reader to substitute his own experience for the experience of a character in the story. This latter form of practice draws the student away from rote recounting of narrative and enables him to use his knowledge more freely.

This volume pairs each story with an exercise sequence in the second section of the book. Each sequence contains three parts consisting of (1) vocabulary exercises—cognates, synonyms, antonyms, and word families—to develop the working vocabulary gained through the *cuentos;* (2) pattern drills that practice Spanish syntax, teach Spanish idioms; and (3) verb drills to bring mastery of tense and mood.

In both the stories and companion exercises, verb tenses are introduced gradually as they would be in a standard textbook.

Lesson 1: Irregular present tense verbs; irregular future tense verbs; irregular preterite tense verbs
Lesson 2: Conditional tense of regular verbs; irregular conditional verbs
Lesson 3: Comparison of the imperfect and conditional tenses

Lesson 6: Past perfect tense
Lesson 7: Review of the compound tenses
Lesson 12: Present subjunctive of regular verbs: irregular present subjunctive verbs
Lesson 13: Familiar and formal commands, affirmative and negative, singular and plural
Lesson 14: Imperfect subjunctive -*se* form
Lesson 15: Imperfect subjunctive -*ra* form
Lesson 16: Compound tenses in the subjunctive: progressives and perfects
Lesson 21: Use of the subjunctive after impersonal expressions
Lesson 22: Use of the subjunctive after verbs of emotion and imposition of will
Lesson 23: Use of the subjunctive after indefinite or negative antecedents; after verbs of doubting, denying, thinking, and believing
Lesson 24: Use of the subjunctive in adverbial and adjective clauses
Lesson 25: Use of the subjunctive in contrary to fact sentences; after *como si*; review of the uses of the subjunctive

Cuentos simpáticos may be assigned as a supplementary reader for all intermediate Spanish classes. The stories are light and easily read and may therefore succeed in spurring a lively interest where other textbooks have failed.

Diálogos simpáticos, A Graded Reader for Beginning Students, and *Cuentos simpáticos, A Graded Reader for Intermediate Students,* are also available in softbound editions from National Textbook Company.

Contents

Introduction	iii

1 El enemigo del estado, I — 3
    Vocabulary Exercises — 97
    Structural Exercises — 98
    Verb Exercises: Present tense of **oler, caber** and **valer**; future tense of **caber** and **valer**; preterite tense of **caber**; irregular verbs in the present, future and preterite. — 98

2 El enemigo del estado, II — 6
    Vocabulary Exercises — 101
    Structural Exercises — 102
    Verb Exercises: Regular **-ar, -er** and **-ir** conditional tense; irregular conditional tense verbs. — 102

3 Los valencianos y el queso — 9
4 El perro que no sabe nadar — 12
    Vocabulary Exercises — 105
    Structural Exercises — 106
    Verb Exercises: Imperfect and conditional tenses compared. — 106

5 El rótulo — 15
   ¿A quién crees? — 18
6 Vocabulary Exercises — 108
    Structural Exercises — 109
    Verb Exercises: Past perfect tense. — 109

Psicología de los jóvenes — 21
7 Vocabulary Exercises — 111
    Structural Exercises — 112
    Verb Exercises: Review of the compound tenses. — 112
8 ¿Quién está perdida? — 24
9 El mejor pintor — 27
10 El madrileño y el campesino — 30
11 El tío Pérez — 33

12 El peligro del plagio — 37
  Vocabulary Exercises — 115
  Structural Exercises — 116
  Verb Exercises: Present subjunctive of regular — 116
    -ar, -er and -ir verbs; irregular
    present subjunctive verbs.

13 En el mismo barco — 40
  Vocabulary Exercises — 119
  Structural Exercises — 120
  Verb Exercises: Formal and familiar commands, — 120
    affirmative and negative.

14 El Quijote — 43
  Vocabulary Exercises — 123
  Structural Exercises — 124
  Verb Exercises: Imperfect subjunctive (-se form) — 124
    of -ar, -er and -ir verbs.

15 El hombre más desafortunado del mundo — 46
  Vocabulary Exercises — 127
  Structural Exercises — 128
  Verb Exercises: Imperfect subjunctive (-ra form) — 129
    of -ar, -er and -ir verbs.

16 La corrida de toros, I — 49
  Vocabulary Exercises — 131
  Structural Exercises — 132
  Verb Exercises: Compound tenses in the subjunctive, 132
    the perfects and progressives.

17 La corrida de toros, II — 52

18 La mujer de mal genio — 55

19 Niños sabios — 58

20 Las modas — 61

21 Un cuento para dar miedo — 64
  Vocabulary Exercises — 136
  Structural Exercises — 137
  Verb Exercises: Subjunctive after impersonal — 137
    expressions.

22 El gaucho y el rastreador — 67
  Vocabulary Exercises — 140
  Structural Exercises — 141

	Verb Exercises: Subjunctive after verbs of emotion and ordering.	141
23	En boca cerrada no entra mosca, I Vocabulary Exercises Structural Exercises Verb Exercises: Subjunctive after indefinite or negative antecedents; after verbs of doubt, denial, thinking and believing.	70 144 145 145
24	En boca cerrada no entra mosca, II Vocabulary Exercises Structural Exercises Verb Exercises: Subjunctive in adverbial and adjective clauses.	73 149 150 150
25	El zorro y la corneja, I Vocabulary Exercises Structural Exercises Verb exercises: Subjunctive in contrary to fact sentences; after **como si**; review.	76 153 154 154
26	El zorro y la corneja, II	80
27	Don Panza	83
28	Pesadilla	86
29	El teléfono	89
30	Todo un hombre	92

Master Spanish-English Vocabulary

Vocabulary Notes
    Vocabulary Time Savers   161
    How to Use the Vocabulary   162
    Spanish-English Vocabulary   162

Acknowledgment

I am deeply grateful to Mrs. Carmen Aponte of the New York City Bilingual Program for her critical reading of the manuscript and her many valuable suggestions; the members of the Spanish Department of the DeWitt Clinton High School (New York) who tested these *cuentos* in the classroom and helped immeasurably in shaping this book with their professional evaluation; Dorothy Gabel of National Textbook Company for her excellent editing of the manuscript; my wife Martha for her encouragement and constructive criticism.

Cuentos

1. El enemigo del estado, I

—Señor Cónsul, le agradezco° su llegada aquí en el Juzgado° Central de Bogotá para salvar a su pobre compatriota infeliz. Ud. me ve con la cara cubierta de sangre y la frente° cubierta de sudor.° No sé por qué me dieron golpes, me rompieron el brazo y una pierna ni por qué me desgarraron° la ropa, me lanzaron° piedras, ni me llamaron espía y enemigo del estado.

—Como Ud. sabe, en los Estados Unidos, veíamos anuncios comerciales en la televisión. La mayoría eran aburridos° pero había dos que eran muy divertidos, el de Juan Valdéz y el del Exigente.°

—Ud. se acuerda de Juan, un hombre muy guapo, con bigotes° largos y una cara muy amable. Cada día va a las montañas para recoger° los mejores granos de café.

agradezco I thank
Juzgado Court

frente forehead
sudor perspiration, sweat

desgarraron tore
lanzaron threw

aburridos boring

Exigente Demander

bigotes mustache
recoger to gather

El Exigente es también muy guapo pero muy serio. Se viste de ropa blanca bien planchada° y de sombrero de jipijapa.° En su oficio de comprador, escoge° el mejor café para una gran compañía, exigiendo° solamente granos perfectos. Por eso le dieron el apodo,° "el Exigente."

<small>planchada ironed, pressed
sombrero de jipijapa Panama hat
escoge he choses
exigiendo demanding
apodo nickname</small>

—Cuando llegaba el Exigente a un pueblo, todo el mundo estaba esperándolo con miedo. No sabían si rechazaría° ni si aceptaría el café que le ofrecían.

<small>rechazaría would reject, refuse</small>

—Prueba° la bebida, y si en su cara seria, aparece una sonrisa, sonríe también todo el mundo. En seguida, los músicos se ponen a tocar sus instrumentos. Los grandes se felicitan° y los muchachos saltan° y bailan. ¡Qué alegría! La gente no cabía de gozo.°

<small>Prueba He tries
se felicitan congratulate
saltan jump
no cabía de gozo were overjoyed</small>

I. Conteste en frases completas.
1. ¿Dónde se halla el norteamericano?
2. ¿A quién habla?
3. ¿Cómo está el norteamericano?
4. ¿Qué le dieron?
5. ¿Qué le rompieron?
6. ¿Qué le desgarraron?
7. ¿Qué le lanzaron?
8. ¿Qué le llamaron?
9. ¿Cuáles de los anuncios eran muy divertidos?
10. ¿Adónde va Juan Valdéz cada día?
11. ¿Cómo se viste el Exigente?
12. ¿Cuál es el oficio del Exigente?
13. ¿Por qué le dieron este apodo?
14. ¿Por qué le esperan con miedo?
15. ¿Qué pasa si en la cara aparece una sonrisa?

II. Complete las frases siguientes con una palabra o palabras apropiadas.
1. El autor habla al Cónsul (norteamericano, colombiano, bogotano).
2. El autor (está bien, está enfermo, es español).
3. Según el autor, los anuncios de Valdéz y del Exigente son (aburridos, malos, divertidos).

4. Juan Valdéz tiene (la cara cubierta de sangre, un brazo roto, bigotes largos).
5. El café se cultiva en (las montañas, la playa, la ciudad).
6. El Exigente lleva (un sombrero cubierto de sudor, ropa desgarrada, un vestido blanco).
7. El Exigente escoge los (mejores, menores, mayores) granos de café para una compañía.
8. Todo el mundo espera al Exigente con (alegría, ropa bien planchada, miedo).
9. Si el Exigente sonriera, sabrían que iba a (aceptar, rechazar, beber) el café.
10. En seguida los (grandes, muchachos, músicos) se felicitan.

III. Preguntas para expresión oral o escrita:
1. ¿Te gustaría quedarte en el juzgado?
2. ¿Te has roto una pierna o un brazo?
3. ¿Qué viste tú ayer en la televisión?
4. ¿Te vistes de ropa blanca para ir a la escuela?
5. ¿Cuál es tu programa o tu anuncio favorito?
6. ¿Cuál es tu bebida favorita?
7. ¿Qué instrumento tocas?
8. ¿Con quién bailas a menudo?

2. El enemigo del estado, II

—Porque había visto tantas veces en la televisión al Exigente y al señor Valdéz, yo soñaba con° ver a estos hombres célebres durante mi viaje en la América del Sur. Decidí visitar al señor Valdéz. Al entrar en su casa le dije que era yo ciudadano° de los Estados Unidos. También le dije que venía a visitarlo porque tiene buena fama en nuestro país.

—A pesar de° que el matrimonio° estaba ocupado° preparando los granos de café para el Exigente, ellos me recibieron de una manera muy cortés. Cada miembro de la familia tenía su tarea.° El único hijito de don Juan estaba escogiendo grano tras grano, examinándolos y dándolos a su padre. Este miraba cada grano con una lupa.° Arrojaba° los imperfectos y daba los mejores a su

soñaba con dreamed about

ciudadano citizen

A pesar de In spite of
el matrimonio the married couple
ocupado busy

tarea task, job

lupa magnifying glass
Arrojaba He was throwing away

esposa que los pulía.° Antes de ponerlos en el saco, daba un beso° a cada grano perfecto.

—Luego fuimos° al centro donde el Exigente estaba sentado al aire libre. Estaba probando el café y estaba rodeado de espectadores. Sólo al oler° el café de Valdéz, sonrió. Toda la familia se alegró de° ver su sonrisa.

—Más tarde fuimos a la taberna a tomar algo.

—¿Qué desea Ud. beber, señor?— preguntó el mozo al Exigente.

—Hágame el favor de darme una taza del excelente café de don Juan— dijo.

—¿Y Ud., señor Valdéz?

—Lo mismo, por favor— dijo con una sonrisa.

Al fin, dirigiéndose a mí, el mozo preguntó: —¿Quiere que le traiga lo mismo, señor norteamericano?

—¡Ya lo creo!—° exclamó el Exigente.

—Pero en toda inocencia yo dije: "¡Tráigame una botella de Coca-Cola!"

—Al oír "Coca-Cola" un motín° estalló.° Todo el mundo se volvió loco. Los hombres y las mujeres se valían de° todos los medios posibles para hacerme daño. Se pusieron a° insultarme, a desgarrarme la ropa, a lanzarme piedras y a llamarme "enemigo del estado." Yo estaba en peligro de perder la vida. No valía la pena° de protestar, de gritar, ni de llorar. Si el guardia civil no hubiera asistido° a la escena, me habrían matado.

pulía was polishing
beso kiss
fuimos we went

oler to smell
se alegró de was happy

¡Ya lo creo! Of course!

motín riot
estalló broke out
se valían de used, made use of
Se pusieron a They began to

No valía la pena It was not worthwhile

Si no hubiera asistido If he had not been present

I. Conteste en frases completas.

1. ¿A quiénes había visto el señor en la televisión?
2. ¿Con qué soñaba?
3. ¿Qué le dijo al señor Valdéz al entrar en su casa?
4. ¿Cómo lo han recibido?
5. ¿Qué hacía el hijito?
6. ¿Con qué examinaba el padre los granos?
7. ¿A quién ha dado los mejores granos?
8. ¿Qué hacía ella antes de ponerlos en el saco?
9. ¿Adónde han ido?

10. ¿De qué fue rodeado el Exigente?
11. Al ver su sonrisa, ¿qué hizo toda la familia?
12. ¿Qué ha tomado el Exigente en la taberna?
13. ¿Qué tomó Juan Valdéz?
14. ¿Qué pidió el norteamericano?
15. ¿Qué habría pasado si el guardia civil no hubiera estado presente?

II. Complete cada frase de columna A con una de columna B.

A	B
1. El norteamericano	a) con gran cuidado.
2. Al entrar en la casa de Valdéz	b) se les presentó.
3. El hijito	c) a la cantina para tomar algo.
4. Juan examinaba los granos	d) decidió a visitar a los Valdéz.
5. La señora	e) una botella de Coca-Cola.
6. El Exigente estaba	f) empezaron a atacarlo.
7. Más tarde fueron	g) daba los granos a su padre.
8. Valdéz y el Exigente	h) ponía los granos en el saco.
9. Pero el norteamericano pidió	i) rodeado de espectadores.
10. Al oír lo que pidió	j) tomaron café.

III. Preguntas para expresión oral o escrita:
1. ¿Soñabas con viajar a la América del Sur?
2. ¿Qué países te gustaría visitar?
3. ¿De qué país eres ciudadano?
4. ¿Qué tarea tienes que hacer en tu casa?
5. ¿Quién se alegra de ver tu sonrisa?
6. ¿Te gusta más el café o la Coca-Cola?
7. ¿Qué te parece una persona que pide Coca-Cola en Bogotá?
8. Si estás en peligro de perder la vida, ¿a quién llamas?

3. Los valencianos y el queso

Dos valencianos van al mercado montados en sus burros para vender sus naranjas. De repente° vieron un gran pedazo de queso° en el suelo. Deseaban repartirlo° en dos partes absolutamente iguales.

De repente Suddenly
queso cheese
repartirlo to share it

    Cuando Tomás lo cortó y tomó la parte más grande, José se enojó° y le dijo: —¿Por qué tomaste tú la mayor parte?

se enojó got angry

    —Cuando tú repartes algo, ¿cuál parte tomas?— preguntó Tomás.

    —Yo tomo siempre la más pequeña— respondió José.

    —Como tú tienes la parte más pequeña, ¿de qué te quejas?°— dijo Tomás.

te quejas complain

    Pero a José no le gustó tal respuesta y en lugar de ir al mercado para vender sus naranjas, fueron al tribunal° en la aldea.

tribunal court

Explicaron su problema al juez° que miró los dos pedazos de queso con envidia. Pues tomó un bocado° de la porción que parecía más grande. Miró los dos pedazos otra vez y vio que todavía no eran iguales. Seguía tomando bocado tras bocado de cada porción hasta comerse el queso entero. Pues dirigiéndose a° los dos valencianos, dijo: —Creo que el asunto° ya está resuelto. La disputa se termina por falta de evidencia.

Los dos valencianos salieron del tribunal tristes y enojados. Se terminó el pleito° y el mercado ya estaba cerrado. Regresaron a casa separadamente sin queso, sin dinero y sin amigo.

<small>juez judge
bocado mouthful
dirigiéndose a directing himself to
asunto matter
pleito case, dispute</small>

I. Conteste en frases completas.
1. ¿Cómo van los valencianos al mercado?
2. ¿Qué vieron en el suelo?
3. ¿Quién quiso la parte más grande?
4. ¿Quién siempre toma la parte más pequeña?
5. ¿Por qué se queja José?
6. ¿Por qué fueron al juez?
7. ¿Qué hizo el juez con el queso?
8. ¿Quién comió todo el queso?
9. ¿Por qué se termina el pleito?
10. ¿Cómo salieron los valencianos del tribunal?

II. Escoja la frase que completa la oración.
1. ¿Adónde van los hombres?
   a) Van a comprar queso.
   b) Van a vender frutas.
   c) Van al campo.
   d) Van a las montañas.
2. ¿Quién toma la parte más grande?
   a) José
   b) Tomás
   c) el burro
   d) otro campesino
3. Cuando José reparte algo, ¿qué hace?
   a) Lo toma todo.

b) Toma la mayor porción.
   c) Toma la parte más pequeña.
   d) No toma nada.
4. A tu juicio, ¿por qué toma el juez bocado tras bocado?
   a) Porque no quiere engañar a los valencianos.
   b) Porque quiere arreglar el asunto.
   c) Porque una porción es siempre más pequeña.
   d) Porque le gusta el queso.
5. ¿Cómo se termina el pleito?
   a) Los valencianos reciben dos partes absolutamente iguales.
   b) El juez se ha comido la evidencia.
   c) Los campesinos reciben mucho dinero.
   d) Los dos amigos se comen el queso.

4. El perro que no sabe nadar

El señor Albéniz, rico ganadero,° es dueño de una inmensa estancia° en la Argentina. Sabe gozar de° la vida. Le gusta sobre todo cazar.° Una mañana salió con un nuevo perro de caza que acababa de° recibir como regalo a la ocasión de su cumpleaños. Como hacía mucho frío y debía esperar mucho tiempo al borde del lago, tomaba algo de vez en cuando. De repente vio algunos pájaros volando° hacia él. Apuntó su escopeta° y tiró.° Uno de los pájaros cayó en el agua. El nuevo perro de caza se lanzó° al lago para coger el pájaro. Pero, ¿qué pasaba? El perro estaba andando sobre el agua. El señor se mueve los labios sin que salga ni una sola palabra.

—Creo que he bebido demasiado— se dijo. —Los

ganadero rancher
estancia ranch
gozar de to enjoy
cazar to hunt
acababa de had just

volando flying
escopeta gun
tiró fired
se lanzó threw himself

ojos me engañan.° Vamos a ver lo que va a pasar la próxima vez.

    Tiró de nuevo. No había duda. El perro andaba otra vez sobre el agua. Se sentía° el señor muy orgulloso y dichoso° de poseer tal perro. Quería avisar° a todo el mundo lo más pronto posible del hecho° maravilloso, pero, ¿quién lo creería?

    Por eso invitó a un amigo suyo a acompañarlo a cazar, sin contarlo lo ocurrido de ayer.

    Dentro de poco, llegaron los pájaros. El amigo apuntó y tiró. El perro se lanzó al lago otra vez y anduvo° sobre el agua. El señor Albéniz miró a su compañero para ver su asombro.° Pero éste no parecía darse cuenta de° la acción maravillosa del animal. Siguieron cazando todo el día pero el amigo todavía no dijo nada.

    Cuando se ponía el sol,° regresaron a casa. El ganadero ya no podía aguantar° el silencio del otro. Antes de despedirse de él, le dijo con una sonrisa socarrona:°
—¡Dime, amigo! ¿Qué le parece mi nuevo perro? ¿No merece° alabanzas° por su inteligencia y habilidad?°

    El amigo respondió: —Este animal tiene un defecto muy serio. Yo no compraría nunca tal perro porque él no sabe nadar.

engañan deceive

Se sentía felt
dichoso lucky
avisar to let know
hecho deed

anduvo walked

asombro surprise
darse cuenta de to realize

se ponía el sol the sun was setting
aguantar to stand
socarrona sly

merece deserve
alabanzas praises
habilidad ability

I. Conteste en frases completas.
1. ¿Cuál es el empleo del señor Albéniz?
2. ¿Dónde está situada su estancia?
3. ¿Cuál es su deporte favorito?
4. ¿Qué acababa de recibir como regalo?
5. ¿Por qué tomaba algo de vez en cuando?
6. ¿Qué ha visto de repente?
7. ¿Qué pasó cuando tiró?
8. ¿Qué hizo el nuevo perro?
9. ¿Por qué se asombró el señor?
10. ¿Qué creía?
11. ¿Qué pasó la segunda vez?
12. ¿Por qué ha invitado a un amigo suyo a acompañarlo?
13. ¿De qué no parecía darse cuenta el amigo?

14. ¿Qué ha dicho el amigo?
15. Según el amigo, ¿qué defecto tiene el perro?

II. Arregle las siguientes palabras a completar correctamente las frases.
1. El señor Albéniz (una inmensa, dueño, estancia, es, de).
2. Una mañana (con un, fue a, caza, cazar, perro, de, nuevo).
3. Tomaba (de vez en, frío, porque, cuando, algo, hacía).
4. El perro (para, sobre, anduvo, pájaro, el, el, coger, agua).
5. El señor Albéniz (engañaban, porque, ojos, le, los, ha, demasiado, bebido, creía, que).
6. Cuando tiró (que, de nuevo, otra vez, sobre, vio, perro, el, andaba, agua, el).
7. Invitó (al día, a un, a acompañarlo, siguiente, a cazar, amigo).
8. Dentro (pájaro, de poco, amigo, el, y, mató, tiró, apuntó, un).
9. El señor Albéniz lo preguntó: —¿Qué (mi, le, perro, nuevo, parece)?
10. El amigo respondió: —Este (nadar, sabe, no, animal).

III. Preguntas para expresión oral o escrita:
1. ¿Tienes una estancia?
2. ¿Cuál es tu deporte favorito?
3. ¿Qué recibiste como regalo a la ocasión de tu cumpleaños?
4. ¿Qué tomas cuando tienes sed y hace frío?
5. ¿Tienes un perro?
6. ¿Anda tu perro sobre la tierra o sobre el agua?
7. ¿A quién invitas a ir al cine contigo?
8. ¿Qué defecto tienes?

5. El rótulo

—Señor Sardena— dijo el joven al propietario de una pescadería,° —me llamo Arenque. Soy pintor de rótulos° y veo que Ud. no tiene letrero° como los otros tenderos.° Mire Ud., por favor, el rótulo de su vecino, el sastre:° "Sastrería. Confeccionamos vestidos a medida."° O el del zapatero: "Zapatería. Remendamos° zapatos mientras que Ud. está esperando." O el del carnicero: "Carnicería. Nuestra carne está refrigerada." Y el del empresario de pompas lujosas:° "Funeraria. Nuestros clientes nunca se quejan." Permítame, señor, hacerle también uno de estos rótulos magníficos: "Pescadería. Aquí se vende pescado fresco."

    —No necesito letrero, señor Arenque. Sobre todo no necesito el rótulo que Ud. sugiere.° Escúcheme con gran

pescadería fish store
rótulos signs
letrero sign
tenderos shopkeepers
sastre tailor

a medida to measure

Remendamos We mend

pompas lujosas elegant funeral processions

sugiere suggest

15

atención mientras explico lógicamente por qué es una pura pérdida de dinero. Consideremos la palabra "aquí." Es claro que si vendo pescado, lo vendo aquí. Por eso no necesito la palabra "aquí." Consideremos ahora la palabra "fresco." Si el pescado no es fresco, no será posible venderlo. Por eso no necesito la palabra "fresco." "Pescadería." ¿Dónde se vende pescado? ¿En una panadería? La palabra "pescadería" no es necesaria. "Se vende": ¡Por supuesto° que se vende! ¿Cómo voy yo a ganar la vida si regalo° el pescado? Todo el mundo comprende que **se vende** el pescado. Queda ahora solamente una palabra, "pescado." ¡Cierre los ojos, señor, por favor, y respire!° ¡Dígame! ¿Necesita Ud. un rótulo para saber que aquí en esta tienda se vende pescado?

¡Por supuesto! Of course

regalo give away

respire breathe

I. Conteste en frases completas.
1. ¿Qué se vende en la tienda del señor Sardena?
2. ¿Qué quiere hacer Arenque?
3. ¿Qué hace el sastre? ¿El zapatero? ¿El carnicero?
4. ¿Qué no hacen nunca los clientes del empresario de pompas lujosas?
5. ¿Qué dirá el nuevo letrero de la pescadería?
6. ¿Quiere el señor Sardena un rótulo? ¿Por qué?
7. ¿Cuándo no será posible vender el pescado?
8. ¿Por qué no es necesario la palabra "pescadería"?
9. ¿Regala el señor Sardena el pescado?
10. ¿Qué huele el señor Arenque?

II. Escoja la frase que completa la oración.
1. ¿Qué desea el joven? El joven desea . . .
   a) pintar pescado.
   b) hacer un rótulo para el sastre.
   c) remendar zapatos.
   d) hacer un letrero.
2. ¿Cuáles de los clientes están siempre contentos?
   a) los del sastre
   b) los del empresario de pompas fúnebres
   c) los del zapatero

d) los del carnicero
3. ¿Por qué no se quejan los clientes? No se quejan . . .
   a) porque la carne está refrigerada.
   b) porque tienen zapatos.
   c) porque están muertos.
   d) porque compran pescado fresco.
4. ¿Qué no necesita el señor Sardena? No necesita . . .
   a) pescado fresco.
   b) pescado que no está fresco.
   c) una panadería.
   d) un letrero.
5. Al inhalar, ¿qué puede saber el joven? Puede saber que es una . . .
   a) sastrería.
   b) pescadería.
   c) funeraría.
   d) zapatería.

6. ¿A quién crees?

Con gran frecuencia la señora Gallego venía para pedir prestado° toda clase de artículos a la señora Ochoa. Por ejemplo, pedía prestar una libra de harina,° una olla de hierro,° una sartén° de cobre, cucharas, cuchillos, tenedores o todas estas cosas a la vez. El señor Gallego tenía la misma costumbre. Pedía prestar palas, cubos° clavos° y cañas de pescar.° Y siempre ellos tardaban en devolver lo que tomaban. Por consiguiente, al señor Ochoa ya no le gustaba prestar nada a este vecino. Cuando era absolutamente necesario hacerlo, lo hacía de mala gana.°

    Un día el señor Gallego vino a pedir prestado al señor Ochoa una hacha.

pedir prestado to borrow
harina flour
hierro iron
sartén frying pan
cubos pails
clavos nails
cañas de pescar fishing rods

de mala gana unwillingly

—¡Hombre!— dijo el señor Ochoa, —has roto mi mejor hacha de acero° que te presté ayer.

—Si no tienes hacha, préstame tu guitarra porque sin hacha no tendré° nada que hacer— dijo Gallego.

—¡Lo siento mucho, amigo Gallego! Voy a divertirme hoy tocando mi guitarra.

—¡No importa!— dijo Gallego. —Siendo que tú vas a quedarte en casa, puedes prestarme tu burro. Iré a la aldea a comprar otra hacha y te devolveré el animal y el hacha cuanto antes.°

—Lo siento muchísimo. Te prestaría el burro con mucho gusto pero mi hijo lo tomó para ir a la aldea donde compra regalos para el Día de los Reyes.

En este momento se oyó° el rebuzno° del burro. El señor Gallego exclamó: —Amigo, no me gusta hacer quejas. Y es difícil creer que me digas una mentira.° Pero no cabe duda° que oigo el rebuzno de tu burro.

—Señor Gallego— dijo el señor Ochoa, furioso, —soy un hombre muy honrado. ¡Dime° hombre! ¿A quién vas a creer, a mí, o al burro?

acero steel

tendré I will have

cuanto antes as soon as possible

se oyó was heard
rebuzno braying

mentira lie
no cabe duda there is no doubt

¡Dime Tell me

I. Conteste en frases completas.
1. ¿Para qué venía la señora Gallego?
2. ¿Cuántas veces venía?
3. ¿Qué costumbre tenía su marido?
4. ¿Qué tomaba prestado el señor Gallego?
5. ¿En qué tardaban ambos?
6. ¿Qué no le gustaba al señor Ochoa?
7. Cuando era necesario prestar algo, ¿cómo lo hacía?
8. ¿Por qué no podía el señor Ochoa prestar su hacha?
9. ¿Qué puede hacer el señor Gallego si no tiene hacha?
10. ¿Por qué no quería prestar su guitarra al señor Gallego?
11. ¿Qué pidió el señor Gallego entonces?
12. Según el señor Ochoa, ¿quién había tomado el burro?
13. ¿Qué se oyó en este momento?
14. ¿Qué dijo el señor Gallego al oírlo?
15. ¿Qué respondió el señor Ochoa?

II. Diga si las frases son la verdad o una mentira.
1. La señora Gallego pedía prestado cucharas, cuchillos, tenedores y cañas de pescar.
2. Los Gallego no devolvían inmediatamente lo que tomaban prestado.
3. El señor Ochoa no quería prestar nada a los Gallego.
4. Cuando tenía que prestarle algo, lo hacía de buena gana.
5. El señor Gallego había roto una hacha de hierro.
6. El señor Ochoa no quiere prestar su guitarra porque tiene ganas de ir a la aldea.
7. El señor Gallego desea ir a comprar otra hacha y por eso necesita un burro.
8. El señor Ochoa dice que su hijo tomó el burro para ir al pueblo.
9. En este momento el señor Gallego oyó el rebuzno del señor Ochoa.
10. El señor Gallego exclamó: —¿A quién crees, a mí o a mi hijo?

III. Preguntas para expresión oral o escrita:
1. ¿Qué pides prestado a tus amigos?
2. ¿Devuelves lo que tomas prestado?
3. ¿Te gusta prestar artículos?
4. ¿Qué instrumento sabes tocar?
5. ¿Sabes montar en burro o a caballo?

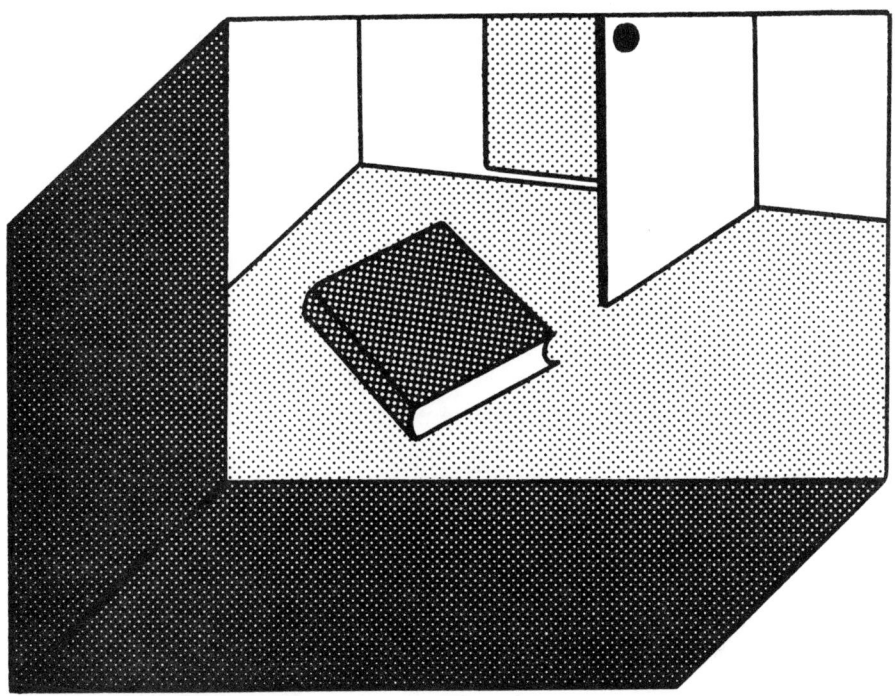

7. Psicología de los jóvenes

—Hoy día, a los jóvenes no les gusta obedecer a las órdenes— dijo el psicólogo que gozaba de gran fama. —No prestan atención° a lo que dicen los padres. En cuanto a° su hijo, Miguel, ¡no se preocupe° Ud. demasiado! Si tira la camisa, la corbata, los calcetines, y toda la ropa en el suelo antes de acostarse, ¡no lo critique! Cómprele algunos ganchos° y dígale: "Estos ganchos son un regalo para ti." Y Ud. verá que colgará° su ropa.

Esta tarde Miguel abrazó° a su madre al entrar en la casa. En la alfombra,° a sus pies, había un libro. Miguel estaba para pasar sin recogerlo.° La madre, recordando el consejo° del psicólogo, dijo con dulzura, indicando el libro con el dedo: —Miguelito, ¿qué hay en el suelo?

prestan atención pay attention
En cuanto a As for
no se preocupe don't worry
ganchos hooks
colgará will hang up
abrazó embraced
alfombra rug
recogerlo picking it up
consejo advice

—Un libro, mamá.
—¡Cuidado, hijito! Si tropiezas° con ello, te puedes romper el cuello. <small>tropiezas trip</small>
—No hay peligro, mamá. Yo siempre tengo cuidado.
—Miguel, ¿cuál es el título del libro?
—*Sangre y arena,* de Ibáñez.
—Es una obra muy interesante. ¿Verdad?
—Sí, mamá, lo he leído hace ocho días.
La señora Ayala estaba sumamente enojada porque el libro se quedaba todavía en el suelo.
—¡Miguel!— gritó. —A veces pienso que tal vez eres sordo,° mudo° y ciego,° o que no comprendes el castellano. ¿Por qué no recoges el libro? No tenemos criada aquí. Siempre estoy yo recogiendo las cosas que tú dejas caer° en todas partes de la casa. <small>sordo deaf / mudo dumb, mute / ciego blind / dejas caer let fall</small>
—Mamácita, ¡cálmate!— dijo Miguel. —Si quieres que yo recoja el libro, ¿por qué no me lo dices?

I. Conteste en frases completas.
1. A los jóvenes, ¿qué no les gusta hacer hoy día?
2. ¿Quién lo dice?
3. ¿Qué tira Miguel en el suelo?
4. ¿Qué debe de comprarle la madre?
5. ¿Para qué necesita Miguel ganchos?
6. ¿A quién abrazó Miguel al entrar en la casa?
7. ¿Dónde estaba el libro?
8. ¿Por qué no criticó la madre a su hijo?
9. ¿Qué puede ocurrir si tropieza con el libro?
10. ¿Cuál es el título de esta obra de Ibáñez?
11. ¿Cuándo lo ha leído Miguel?
12. ¿Por qué se enojó la madre?
13. ¿Qué piensa a veces la madre?
14. ¿Por qué recoge ella las cosas que los otros dejan caer en el suelo?
15. ¿Qué debe hacer la madre si quiere que él recoja el libro?

II. Complete las frases con la palabra correcta del cuento.
1. A los muchachos no les gusta . . . a sus padres.
2. El psicólogo dice: —¡No critique a Miguel si tira toda la ropa en el . . . .

3. Cuando Miguel entró en la . . ., abrazó a su madre.
4. Miguel estaba para pasar sin recoger el libro que estaba a sus . . . .
5. La señora recordó el consejo del . . . y no criticó a su hijo.
6. Ella dijo: —Si tropiezas con el libro en la alfombra, te puedes romper el . . . .
7. El título del libro es . . . *y arena* de Ibáñez.
8. Piensa que Miguel no puede ni oír, ni hablar ni . . . .
9. La madre se enojó porque su hijo no recogió el . . . .
10. Miguel no lo recogió porque su . . . no se lo dijo.

III. Preguntas para expresión oral o escrita:
1. ¿Te gusta obedecer a las órdenes?
2. ¿Dónde pones tu ropa al acostarte?
3. ¿Te critica tu madre?
4. ¿Has leído *Sangre y arena*?
5. ¿Comprendes bien el castellano?
6. ¿Tienes criada en tu casa?
7. ¿Recoges las cosas si tu mamá no dice nada?
8. ¿Cuándo se enoja tu madre?

8. ¿Quién está perdido?

Estaba dando un paseo° por la Avenida de la Reforma. Vi un pequeño perro que se acercaba° tímidamente a cada persona que pasaba. Parecía buscar a su dueño. Lo tomé en los brazos y lo traje al cuartel° de la policía. El sargento, hombre muy serio, me miró con sospecha.° Sus bigotes largos le daban un aspecto feroz. Después de algunos momentos, me preguntó: —Señor, ¿en qué puedo servirle?

—He hallado este perrito y quiero devolverlo a su dueño— dije.

—¿Cómo sabe Ud., señor, que el perro está perdido?

—Me lo dijo— respondí porque su pregunta me parecía tan necia.°

El me dio una mirada enojada. Yo me di cuenta de

dando un paseo taking a walk
se acercaba was approaching
cuartel headquarters
sospecha suspicion

necia stupid, silly

que no le gustaba respuestas cómicas. Por eso, añadí:
—Quiero decir, señor, que los ojos tristes del pobre animalito me dijeron que estaría perdido.
—Dispénseme,° señor— dijo el sargento que parecía contento de mi explicación, —¿quisiera Ud. darme algunas informaciones?   **Dispénseme** Excuse me
—Con mucho gusto— respondí cortésmente.
—¿Cómo se llama Ud.?
—Me llamo Gladstone, señor Percy Gladstone.
—¿Cuántos años tiene Ud.?
—Tengo treinta y cinco años.
—¿Cuál es su dirección?
—Yo vivo en el hotel en la esquina° de esta calle.   **esquina** corner
—¿Es Ud. ciudadano° español?   **ciudadano** citizen
—No, señor, soy inglés.
—¡Muéstreme su pasaporte, por favor!
—¿Por qué desea Ud. verlo?— dije, porque las preguntas empezaban a enojarme.
—¡Hágame el favor de contestar sin interrupción! Me parece que Ud. no habla español como un turista extranjero. Dígame, señor, ¿cómo aprendió Ud. a hablar tan bien el castellano?
—Compré un librito titulado *El español en diez lecciones sencillas*—° dije con sarcasmo, —y hace veinte años que yo lo estudio.   **sencillas** easy
—Le aviso,° señor, ¡no trate usted de burlarse de un policía!   **aviso** warn
—Señor policía— dije muy irritado, —no puedo aguantar su interrogación. No soy criminal sino un hombre honrado tratando de ayudar a un pobre perrito. Le aseguro° que no estoy perdido yo. Es el perrito que está perdido.   **aseguro** assure

I. Conteste en frases completas.
  1. ¿Dónde estaba Gladstone?
  2. ¿Qué vio en la calle?
  3. ¿Adónde lo trajo Gladstone?
  4. ¿Cómo sabe Gladstone que el animal está perdido?

5. ¿Qué quiere saber el sargento?
6. ¿De qué país es el señor Gladstone?
7. ¿Cómo habla español?
8. ¿Por cuántos años estudia Gladstone el español?
9. ¿Es criminal Gladstone?
10. Según el sargento, ¿quién está perdido?

II. Escoja una frase que completa la oración.
1. ¿Quién se hallaba en la Avenida de la Reforma?
   a) un español
   b) un sargento
   c) un inglés
   d) un ciudadano español
2. ¿Qué buscaba el perro? Buscaba . . .
   a) el cuartel.
   b) a su amo.
   c) a un policía.
   d) al inglés.
3. Según el inglés, ¿cómo supo que el animalito estaba perdido?
   a) El sargento se lo dijo.
   b) Las personas que se paseaban se lo dijeron.
   c) El perrito tenía los ojos tristes.
   d) Había un anuncio en el periódico.
4. Según el sargento, ¿cómo hablaba español el inglés? Hablaba español . . .
   a) como un turista.
   b) peor que los otros extranjeros.
   c) mejor que la mayoría de los viajeros.
   d) como todos los ciudadanos de Inglaterra.
5. ¿Por qué se ponía a contestar con sarcasmo? Contestó de esta manera porque . . .
   a) quería enojar al policía.
   b) no le gustaban tantas preguntas.
   c) el animalito se burlaba del sargento.
   d) hace veinte años que estudiaba el libro que había comprado.

9. El mejor pintor

Salvador Dalí visitaba el Prado para gozar de las pinturas de los más célebres artistas españoles. El director del museo lo acompañaba en su vuelta.° Admiraban las obras de Velázquez, El Greco, Murillo, Picasso y también las de Dalí. Como a muchos otros artistas, a Dalí le gustaban alabanzas.° Pero era demasiado orgulloso para preguntar al director lo que opinaba de° sus propias obras.

—A su juicio,° querido director— dijo Dalí, —¿quién es el mejor pintor español?

Aunque Dalí hablaba en voz baja, había muchos aficionados al arte cerca de él que habían oído su pregunta y que esperaban la respuesta del director.

El director era muy inteligente y sumamente di-

vuelta excursion

alabanzas praise

opinaba de thought of
A su juicio In your opinion

plomático. Se dio cuenta del peligro de contestar tal pregunta en su oficio de director. El sabía que los aficionados al arte que los rodeaban no estaban de acuerdo° sobre este asunto. Como no deseaba ofender a nadie, dijo: —A mí me gustan todas estas pinturas y no sé decirle cuál es la mejor obra maestra.°

estaban de acuerdo were in agreement

obra maestra masterpiece

El señor Dalí hizo la pregunta de otra manera.

—Si usted pudiese° poseer una de estas pinturas, ¿cuál escogería?

pudiese could

—Como soy director del museo, puedo ver todas estas obras todos los días. No puedo y no deseo escoger la mejor pintura.

Al fin, Dalí creía haber hallado la pregunta que el director tendría° que contestar.

tendría would have

—Por si acaso° estallara un incendio° en este museo, ¿cuál pintura salvaría?

Por si acaso If by any chance

incendio fire

—Salvaría la pintura que estuviese° más cerca de la puerta— dijo el director con una sonrisa.

estuviese was

Todo el mundo se puso a sonreír a excepción del señor Dalí.

I. Conteste en frases completas.
1. ¿Cómo se llama el artista que visitaba el Prado?
2. ¿Quién lo acompañaba?
3. ¿Cómo se llaman unos artistas famosos españoles?
4. ¿Qué le gustó a Dalí?
5. ¿Qué pregunta Dalí?
6. ¿Por qué no quiso responder el director del museo?
7. ¿Cuál pintura escogería el director?
8. ¿Qué había hallado Dalí?
9. ¿Cuál pintura escogería salvar el director?
10. ¿Sonrió el señor Dalí?

II. Escoja una frase que completa la oración.
1. ¿Qué es el Prado?
   a) un teatro
   b) un museo
   c) una biblioteca

d) un caballero español
2. ¿Qué quería saber Dalí? Quería saber lo que el director pensaba de las obras de . . .
   a) Velázquez.
   b) El Greco.
   c) Murillo.
   d) Dalí.
3. ¿Por qué no quería darle una respuesta exacta?
   a) No deseaba irritar a los aficionados.
   b) No sabía la respuesta.
   c) No quería ofender a Picasso que era amigo suyo.
   d) Dalí hablaba en voz baja y el director no había oído la pregunta.
4. ¿Cuántas veces hizo su pregunta? Hizo la pregunta . . .
   a) una vez.
   b) dos veces.
   c) tres veces.
   d) seis veces.
5. ¿Qué haría el director si hubiera un incendio?
   a) Salvaría una pintura de Dalí porque es el mejor pintor.
   b) Llamaría a los bomberos.
   c) Saldría inmediatamente sin salvar ninguna pintura porque es muy diplomático.
   d) Llevaría la pintura que estaba junto a la entrada del edificio.

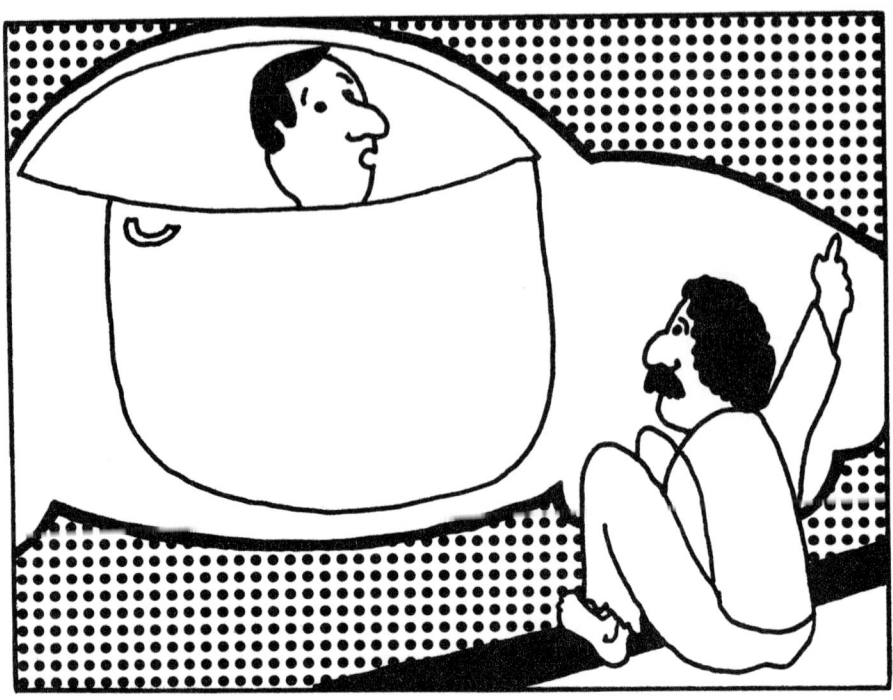

10. El madrileño y el campesino

Un madrileño que conducía° un coche magnífico se detuvo° en una travesía° donde estaba sentado un campesino.° A éste no le gustaban los habitantes de las ciudades, sobre todo, los madrileños ricos, porque, a su juicio, tenían mala fama.

—¡Buenos días, amigo!— dijo el madrileño muy cortésmente. (Los viajeros que se han perdido son siempre corteses.) —Ud. vive en esta vecindad.° ¿Verdad, señor?

—No vivo exactamente aquí sino un poco más allá— respondió el campesino de una voz un poco fría.

—Soy de Madrid y no conozco muy bien esta región . . . . ¿Puede Ud. decirme dónde está situada la aldea de Henares?

<small>conducía was driving
se detuvo stopped
travesía intersection
campesino peasant

vecindad neighborhood</small>

—¡Cómo no!— dijo el campesino. —Lo sé muy bien porque nací° yo en esta parte del país.

—Tengo una cita° importante a las dos y como es la una y cuarto no tengo más de cuarenta y cinco minutos para llegar a tiempo. ¡Dígame, por favor, sin tardar,° ¿dónde está el pueblo de Henares?

—Que yo sepa,° está todavía en el mismo lugar.

—Naturalmente, señor. Pero, ¿cuál camino debo seguir para llegar allí?

—Hay dos caminos, el camino bueno y el malo. Uno es más corto.

—Entonces— dijo el joven, —el camino corto es el mejor camino.

—Ud. se equivoca,° señor. El camino corto es el peor.

—¿Por qué?— exclamó el madrileño.

—Porque el camino corto atraviesa° el río.

—No me importa. Puedo cruzar un puente° en mi coche. Y . . .

—Ud. se equivoca de nuevo, señor. Ud. no puede cruzar este puente porque el puente está roto.

El madrileño se dio cuenta de que el campesino se estaba burlando de° él. Se ponía más y más furioso. Al oír la última respuesta necia, gritó:

—¡Ud. es tonto, estúpido, necio e ignorante!

El campesino le miró con una sonrisa socarrona y dijo con calma: —Ud. tiene razón, señorito° inteligente. Seré yo todo lo que usted me dice . . . pero yo no estoy perdido.

nací was born
cita appointment
sin tardar without delay
Que yo sepa As far as I know
se equivoca are mistaken
atraviesa crosses
puente bridge
burlando de making fun of
señorito young man

I. Conteste en frases completas.
1. ¿De qué país era el dueño del coche magnífico?
2. ¿Por qué al campesino no le gustaban los habitantes de la ciudad?
3. ¿Cómo son los viajeros que se han perdido?
4. ¿Qué quiere saber el hombre?
5. ¿Por qué quiere ir a Henares?
6. ¿Qué hora es?
7. ¿Cuál camino es el mejor?
8. ¿Por qué no puede cruzar el río el viajero?

9. ¿Qué estaba haciendo el campesino?
10. ¿Por qué no se enoja el campesino?

II. Escoja una frase que completa la oración.
1. ¿Dónde dio el madrileño con el campesino? Dio con él...
   a) en la capital de España.
   b) donde dos caminos se cruzan.
   c) en Henares.
   d) en su coche.
2. ¿Qué hora es?
   a) Son las dos.
   b) Es la una.
   c) Son las cuatro.
   d) Es la una y quince minutos.
3. ¿Qué buscaba el madrileño? Buscaba...
   a) el camino a Henares.
   b) una cita importante.
   c) el puente que atraviesa el río.
   d) la región donde nació el campesino.
4. ¿Por qué no podía cruzar el río? No podía cruzarlo porque...
   a) no sabe nadar.
   b) el campesino se burla de él.
   c) el camino corto no es el mejor camino.
   d) el camino está cerrado.
5. ¿De qué está contento verdaderamente el campesino? Está contento de...
   a) estar perdido.
   b) ser tonto.
   c) haber enojado al madrileño.
   d) divertir al madrileño.

11. El tío Pérez

En cada familia hay un individuo que es una leyenda. En mi familia se llamaba la leyenda *El tío Pérez*. Era el único hermano de mi madre que lo adoraba. Nunca lo había visto yo. Fue mi padre que me contaba la conducta extraña° de aquel tío.

El tío Pérez no trabajaba pero se ponía° furioso si alguien pronunció la palabra "perezoso"° en su presencia. Según mi padre, este tío famoso decía: —A mi juicio, necesitamos divertirnos y gozar de la vida cuando somos jóvenes. Tendré bastante tiempo para el trabajo cuando yo sea viejo.

La última vez que dijo estas palabras filosóficas fue el día de su cumpleaños. Tenía cincuenta años y era orgulloso de que todavía no había tenido un empleo.

extraña strange
se ponía became
perezoso lazy

Solamente una vez estuvo en el peligro de aceptar una oferta° de trabajo. Se salvó° por la fuerza de su carácter. Un amigo suyo tenía una gran tienda de ropa y necesitaba a alguien para ayudarlo los sábados, solamente los sábados, una vez a la semana. La única pregunta que hizo el tío Pérez fue: —¿Quiere Ud. que yo trabaje todos los sábados?

oferta offer
Se salvó He was saved

Se casó° a la edad de veintiún años y por corto tiempo su esposa le preguntó por qué no buscaba empleo.

se casó married

—Querida— dijo, —el matrimonio y un oficio no se mezclan° bien. Por eso no trabajo.

se mezclan mix

Para mí, tío Pérez era sinónimo de la pereza.

Un día mi madre recibió un telegrama. El tío Pérez iba a hacernos una visita después de una ausencia de diez años. Como yo no tenía más de nueve años, yo iba a verlo por primera vez. Cada día de la semana antes de su visita, mi madre me dijo: —¡Sé cortés con tu tío! Sobre todo no pronuncies la palabra "perezoso."— Seguía repitiendo: —¡No digas "perezoso"! ¡No digas "perezoso"!

Llegó el dichoso° día. Toda la familia estaba esperando la llegada del precioso tío. Alguien llamó a la puerta. Antes de abrirla, mi madre repitió dos veces: —¡No digas "perezoso"! ¡No digas "perezoso"!

dichoso lucky

Estábamos todos muy nerviosos cuando se abrió la puerta y apareció el tío Pérez. Me quedé mirándolo. Mi madre se movió los labios para decirme sin voz: —¡No digas "perezoso"! ¡No digas "perezoso"!— Entonces ella abrazó a su hermano y lo besó afectuosamente. Luego, dirigiéndose a mí, me dijo: —¡Da un beso al tío perezoso! . . . Quiero decir, ¡da un beso al tío, perezoso! . . . Quiero decir, ¡da un beso . . .!

Al oír la palabra prohibida, se puso colérico, se volvió y salió de la casa sin decir "Adiós."

Fue la primera y la última vez que vi al tío Pérez.

I. Conteste en frases completas.
1. ¿De quién es la leyenda de la familia Pérez?
2. ¿Quién era el tío Pérez?
3. ¿Cuándo se puso enojado el tío Pérez?
4. ¿Cuándo quería trabajar el tío?
5. ¿Cuántos años tenía el tío Pérez?
6. ¿De qué era orgulloso?
7. ¿Por qué no trabajó el tío Pérez en la tienda de su amigo?
8. ¿Qué dijo el telegrama que recibió la familia?
9. ¿Qué repetía la madre al niño?
10. ¿Por qué salió el tío Pérez?

II. Escoja una frase que completa la oración.
1. ¿Cuándo se enojaba el tío Pérez? Se enojaba . . .
   a) al oír la palabra "perezoso."
   b) cuando se divertía.
   c) cuando era viejo.
   d) al ver a su sobrino.
2. ¿Por qué no aceptó una oferta de trabajo en una tienda de ropa? No lo aceptó porque . . .
   a) tenía cincuenta años.
   b) estaba casado.
   c) no quería trabajar ni un día a la semana.
   d) no podía obtener trabajo.
3. ¿Por cuánto tiempo se quedó casado?
   a) Por largo tiempo
   b) Por muy poco tiempo
   c) Por veintiún años
   d) Por nueve años
4. ¿Qué pasó cuando recibieron un telegrama?
   a) Su madre se hizo nerviosa porque iba a ver a su hermano.
   b) Su padre se puso alegre porque adoraba al tío Pérez.
   c) El muchacho se enojaba porque iba a verlo por primera vez.
   d) La madre iba repitiendo cierta frase muchas veces.

5. ¿Por qué salió el tío Pérez de la casa sin decir adiós? Salió de esta manera porque . . .
   a) su hermana ha dicho la palabra prohibida en su presencia.
   b) su hermana no lo recibió de una manera afectuosa.
   c) el muchacho no quería darle un beso.
   d) el padre le dijo: —Es la última vez que voy a verte.

12. El peligro del plagio°

<small>plagio plagiarism, copying</small>

Ignacio Vargas era estudiante en el primer año de la Universidad de Salamanca. Su profesor de literatura era un hombre sin misericordia° para los perezosos. Con su crítica severa castigaba° a los mirones° que no deseaban estudiar. Las pobres víctimas de su tempestad de cólera a veces estaban a punto de desmayarse° de vergüenza.°

<small>misericordia pity
castigaba used to punish
mirones a stupid person, one who just stands and watches
desmayarse to faint
vergüenza shame</small>

Un día mandó a la clase escribir una composición literaria. A Ignacio, que era muy inepto, no le gustaba escribir. Aún tenía mucha dificultad en componer una oración corriente.° Largo tiempo se rasgaba° la cabeza en busca de una idea brillante —una idea de oro . . . o de plata . . . . ¡Qué lástima! Todos sus pensamientos eran de plomo.°

<small>corriente fluent
se rasgaba was scratching

plomo lead</small>

Al final, frustrado, se dirigió a la bibliotecaria que le

dio *Platero y yo* de Juan Ramón Jiménez, gigante de la literatura española, ganador del Premio Nobel. Este libro, escrito en un estilo poético, trata acerca de un burro paciente y amable. Ignacio, por debilidad° de carácter, decidió presentar uno de estos ensayos como su propia composición.   **debilidad** weakness

Al día siguiente se puso a leer la composición a la clase. El profesor reconoció la obra inmediatamente pero permitía al pobre joven terminar la lectura.° Al final, dijo a Ignacio: —¡Excelente! Es una obra excelente. Aún el señor Jiménez no pudo escribirla mejor. Pero como la hizo° Jiménez primero, debo darle "diez" a él, y al hermano de Platero le doy "cero." Señor Vargas, si desea Ud. publicar su obra, ¡cambie° el título! En lugar de llamarla *Platero y yo*, puede Ud. titularla *Platero soy yo*.   **lectura** reading   **hizo** did   **cambie** change

I. Conteste en frases completas.
1. ¿A qué universidad asistía Ignacio?
2. ¿Cómo era su profesor?
3. ¿A quién castigaba?
4. ¿Cómo se sentían sus víctimas?
5. ¿Qué mandó escribir el profesor?
6. ¿Por qué a Ignacio no le gustaba escribir?
7. ¿Qué hacía mientras buscaba una buena idea?
8. ¿Cómo eran sus ideas?
9. ¿Adónde fue Ignacio?
10. ¿A quién se dirigió?
11. ¿Quién es Juan Ramón Jiménez?
12. ¿De qué trata *Platero y yo*?
13. ¿Qué decidió hacer Ignacio?
14. Aunque el profesor reconoció la obra, ¿qué permitió a Ignacio hacer?
15. ¿Por qué dio "diez" a Jiménez?
16. ¿Quién es Platero?

II. Complete las frases de columna A con las de columna B.

A	B
1. Ignacio asistía	a) pero le dejó terminar la lectura.

2. A su profesor de literatura   b) no le gustaban los perezosos.
3. Las víctimas de su cólera   c) *Platero soy yo.*
4. Ignacio no sabía   d) *Platero y yo.*
5. Fue a la biblioteca donde leyó   e) "cero" por su plagio.
6. Decidió presentar esta obra maestra   f) a la Universidad de Salamanca.
7. El profesor reconoció la obra de Jiménez   g) como su propia composición.
8. El profesor dio una   h) nota de "diez" a Jiménez.
9. Ignacio recibió   i) tenían gran vergüenza.
10. Vargas puede llamar su libro   j) escribir una composición literaria.

III. Preguntas para expresión oral o escrita:
   1. ¿En qué año de la escuela superior estás?
   2. ¿Cómo es tu profesor de español?
   3. ¿Adónde vas para pedir prestado libros?
   4. ¿Presentas la tarea de otro alumno como la tuya?
   5. ¿Cuál nota recibiste el semestre pasado?

13. En el mismo barco

Al completar sus estudios de antropología en la Universidad de Caracas, el joven científico fue° a "estudiar" las costumbres° de una tribu salvaje° que vivía en la selva.° Para llegar al sitio donde vivía este pueblo primitivo, tenía que atravesar montañas y ríos con un guía indio. Mientras que el indio remaba° la canoa en uno de los tributarios del río Orinoco, el joven quería mostrarle lo inteligente que era.

 —¿Sabes leer?— preguntó al indio.
 —¡No, señor! No he ido nunca a una escuela.
 —Has perdido un cuarto° de tu vida— dijo el joven.
—¿Sabes escribir?
 —¡No, señor! Le he dicho que no tenemos escuela en nuestra aldea.

fue went
costumbres customs
salvaje savage
selva jungle

remaba was rowing

cuarto fourth

—Has perdido la mitad° de tu vida. . . . ¿Sabes la aritmética?— preguntó el joven.

—¡No, señor! No sé lo que quiere decir esta palabra.

—Has perdido las tres cuartas partes de tu vida.

El indio se enfadaba al oír estas preguntas y declaraciones. Se decía: —Yo estoy remando el bote y sirviendo de guía. De mis espaldas° anchas depende el éxito° de esta expedición. Y él está burlándose y riéndose de mí para mostrarme que se cree mejor que yo. Si fuera verdaderamente inteligente, no hablaría de esta manera. Quisiera enseñarle quién es mejor.

Mientras tanto el cielo se estaba cubriendo de espesas nubes° negras y una tempestad° estalló. Hacía relámpagos° y sonaba el trueno.° Empezó a llover a cántaros.° El antropólogo, mojado hasta los huesos,° temblaba de miedo. El viento soplaba° con tal furia que las olas° entraban en el bote. En este momento la canoa dio con un tronco° escondido. Al caer los dos en el río, el indio dijo: —¿Sabe Ud. nadar?

—¡No!— respondió el antropólogo.

—Has perdido la vida entera— dijo el indio.

Desafortunadamente, había en el agua pirañas° y caimanes,° que, al ver a los dos hombres, se dijeron:

—No hay mejor alimento° para nosotros que estos individuos que se consideran "mejor" el uno al otro.

mitad half

espaldas shoulders
éxito success

espesas nubes thick clouds
tempestad storm
relámpagos lightning
trueno thunder
llover a cántaros to rain buckets, cats and dogs
mojado hasta los huesos wet to the bones
soplaba was blowing
olas waves
tronco trunk

pirañas man-eating fish
caimanes alligators
alimento food

I. Conteste en frases completas.

1. ¿A qué universidad había asistido el joven?
2. ¿Cuál es su profesión?
3. ¿Para qué iba a la selva?
4. ¿Qué tenía que atravesar?
5. ¿Quién remaba la canoa?
6. ¿Cuál es el nombre del río?
7. ¿Por qué le hacía preguntas al indio?
8. ¿Por qué no sabe leer?
9. ¿Qué ha perdido por no saber leer?
10. ¿Cuál es la segunda pregunta del antropólogo?
11. ¿Qué ha perdido por no saber escribir?

12. ¿Cuántas partes de la vida ha perdido por no saber la aritmética?
13. ¿Por qué se enfadó el indio?
14. Si el joven fuera inteligente, ¿qué no haría?
15. ¿Qué estalló en este momento?
16. ¿Quién tenía miedo?
17. ¿Qué hizo el indio?
18. ¿Qué preguntó el indio al científico?
19. ¿Qué ha perdido el joven por no saber nadar?
20. ¿Qué había en el agua?
21. ¿Qué hicieron estos animales?

II. Diga si las frases son la verdad o una mentira.
1. Este antropólogo iba a visitar un pueblo indio que vivía en las montañas.
2. Un indio le servía de guía.
3. El indio le hacía muchas preguntas mientras el joven remaba la canoa.
4. El indio no sabía ni leer, ni escribir, ni nadar.
5. El antropólogo quería mostrar que era más inteligente que el indio.
6. El científico se enfadaba porque el indio se burlaba de él.
7. Durante la tempestad, el científico cayó en el agua y el indio se quedó en la canoa.
8. Las pirañas y los caimanes se dijeron: —Vamos a comer a estas personas necias.

III. Preguntas para expresión oral o escrita:
1. ¿Sabes remar una canoa?
2. ¿Te gustaría nadar con pirañas?
3. ¿Qué perderás por no saber el español?
4. Cuando eras pequeño, ¿de qué tenías miedo?
5. ¿Cuándo te enfadas?
6. ¿De quién eres tú más inteligente? ¿Más fuerte? ¿Más grande?

14. El Quijote

El protagonista de *Las aventuras del ingenioso hidalgo° don Quijote de la Mancha* es un caballero fanáticamente idealista. Alto, flaco,° viejo pero valiente, va montado en su triste caballo, Rocinante, para combatir todo lo malo del mundo. Va acompañado de su criado, Sancho Panza, que es todo lo contrario de su amo.° Es bajo, gordo, tímido y materialista.

Mientras que aquél° está dispuesto° a morir por la humanidad, éste° prefiere vivir para sí mismo. La heroína de esta novela es Dulcinea, una mujer sin encanto, es decir, muy fea.° No obstante, don Quijote la considera la dama más hermosa del mundo.

La novela describe tanto las aventuras cómicas como° las aventuras tristes de este loco digno de ser amado

hidalgo nobleman, gentleman

flaco thin

amo master

aquél former
dispuesto ready
éste latter

fea ugly

tanto...como... ...as well as...

por su carácter noble. Recientemente, fue recibida con entusiasmo una versión musical de esta obra maestra, titulada *Hombre de la Mancha*.

Cervantes, figura importantísima de la literatura española, llevó una vida sumamente aventurera. Fue agente proveedor° de la Armada Invencible, cargado de obtener víveres° para las tripulaciones° de aquella flota° famosa. En la batalla naval de Lepanto, fue herido° y perdió el brazo izquierdo. Por eso, tenía el apodo de "El manco° de Lepanto."

agente proveedor provisioner
víveres food supplies
tripulaciones crews
flota fleet
herido wounded
manco one-handed man

Durante una audiencia con el rey, éste lo preguntó si sentía haber perdido un brazo en su servicio. Cervantes respondió: —Su Majestad, por el amor del rey sacaría° mi espada y, de buena gana,° me cortaría el otro brazo.

sacaría would take out
de buena gana willingly

I. Conteste en frases completas.
  1. ¿Cuál es el título de este cuento?
  2. ¿Quién es idealista?
  3. Describa a don Quijote.
  4. ¿Cómo se llama su caballo?
  5. ¿Qué va a combatir?
  6. ¿De quién va acompañado?
  7. Describa a Sancho Panza.
  8. ¿Por quién está dispuesto a morir don Quijote?
  9. ¿Qué prefiere hacer Sancho?
  10. Describa a Dulcinea.
  11. ¿Cómo la considera don Quijote?
  12. ¿Qué describe esta novela?
  13. ¿Quién es el autor de esta obra maestra?
  14. ¿Cómo ayudó Cervantes a la Armada Invencible?
  15. ¿Por qué tenía el apodo de "El manco de Lepanto"?
  16. ¿Qué le preguntó el rey?
  17. ¿Qué respondió Cervantes?
  18. ¿Por qué no es posible hacer tal cosa?

II. Complete las frases con una palabra del cuento.
  1. El héroe de esta novela se llama . . . .
  2. Su criado se llama . . . .

3. . . . es el nombre de su caballo.
4. La heroína es . . . .
5. El autor de *Las aventuras del ingenioso hidalgo don Quijote de la Mancha* es . . . .
6. . . . es idealista.
7. . . . es materialista.
8. . . . es alto, flaco, viejo pero . . . .
9. . . . es bajo, gordo y . . . .
10. . . . tiene el apodo de "El manco de Lepanto."
11. Fue cargado de obtener alimentos para la . . . Invencible.
12. Cervantes dijo al rey: —Por el amor del rey, sacaría mi espada y me cortaría el otro . . . .

III. Preguntas para expresión oral o escrita:
1. ¿Eres tú idealista o materialista?
2. ¿Eres tú alto o corto, flaco o gordo, viejo o joven, feo o bello, valiente o tímido?
3. A tu ver, ¿quién es la mujer más hermosa o el hombre más guapo del mundo?
4. ¿Llevas tú una vida aburrida, divertida o aventurera?
5. ¿Cuál es tu apodo?

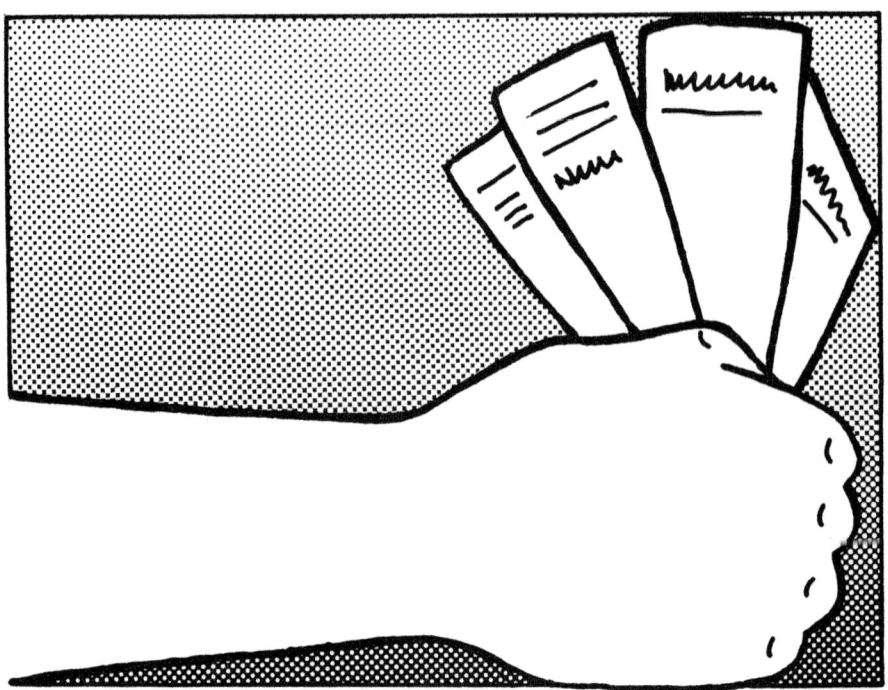

15. El hombre más desafortunado del mundo

El señor Juárez, exportador de cobre, tenía su oficina en Santiago de Chile y vivía en una casa particular° en un suburbio de esta gran ciudad. Aunque llevaba una vida honrada, siempre tenía mala suerte. Claro es que era el hombre más desafortunado del mundo.

Por ejemplo, se había comprado un nuevo traje. Al día siguiente cenaba en un restaurante con su esposa. Un mozo torpe° dejó caer salsa° sobre él. Otro día, acababa de lavar su coche y comenzó a llover. No valía la pena de haber limpiado el auto. Dos veces tuvo citas con comerciantes importantes. Cada vez perdió el trato° por haber llegado tarde: una vez a causa de una llanta desinflada° y la próxima vez porque su reloj de

casa particular private house

torpe clumsy, awkward
salsa sauce

trato deal

llanta desinflada flat tire

pulsera atrasaba° de diez minutos. En la primavera sembró° hierba° en su césped.° Nada creció en el verano porque había puesto las semillas° al revés.°

    Un día recibió una urgente llamada por teléfono de su esposa agitada. Su casa estaba en llamas° y él había olvidado de pagar la prima de seguro.° El pobre señor corrió a su coche para llegar a casa pronto.

    Lo detuvo un policía en motocicleta. El señor Juárez le entregó° su licencia para conducir y el policía se puso a escribir una citación.°

—Ud. excedía la velocidad permitida; Ud. pasó una luz roja; Ud. entró en una calle de dirección única.° ¡Dígame, señor!— dijo el policía de una voz fría, —¿tal vez corre Ud. tan de prisa a un incendio?°

    Y el pobre señor Juárez, hombre muy honrado que nunca dice mentiras, respondió: —¡Sí, señor! Claro es que yo estoy corriendo a un incendio.

    El policía le miró con cólera y dijo: —Voy a ponerle otro cargo porque Ud. está burlándose de un policía.

atrasaba	was slow
sembró	planted
hierba	grass
césped	lawn
semillas	seeds
al revés	upside down
en llamas	in flames
la prima de seguro	insurance premium
entregó	gave
citación	summons, ticket
dirección única	one way
incendio	fire

I. Conteste en frases completas.
1. ¿Cómo gana la vida el señor Juárez?
2. ¿Dónde vivía?
3. ¿Qué tenía siempre?
4. ¿Qué hacía cuando alguien dejó caer salsa sobre él?
5. ¿Qué pasó cuando acababa de lavar su coche?
6. Por haber llegado tarde, ¿qué perdió?
7. ¿Qué pasó la primera vez?
8. ¿Qué ocurrió la segunda vez?
9. ¿Por qué no creció nada en su césped?
10. ¿Cómo estaba su esposa cuando ella lo telefoneó?
11. ¿Qué le dijo ella?
12. ¿Quién lo detuvo cuando conducía su coche?
13. ¿Qué se puso a escribir el agente?
14. Describa los tres cargos.
15. ¿Qué le preguntó el agente de una voz fría?
16. ¿Por qué le puso un cuarto cargo?

II. Forme frases empleando las siguientes palabras para tener un resumen parcial del cuento.
1. (siempre, suerte, mala, el, Juárez, señor, tenía).
2. (una, llevaba, vida, pero, honrada, muy, el, del, era, hombre, mundo, desafortunado, más).
3. (casa, una, en, vivía, particular, Santiago, de, suburbio, un, en).
4. (mozo, salsa, torpe, un, caer, dejó, traje, nuevo, su, sobre).
5. (después, limpiar, coche, empezó, de, a, llover, su).
6. (a, una, tarde, cita, llegó, de, desinflada, llanta, causa, una, a).
7. (creció, césped, en, nada, porque, su, puesto, semillas, había, al, revés, las).
8. (la, porque, excedió, permitida, quería, velocidad, su, a, pronto, llegar, casa).
9. (detuvo, un, en, lo, policía, motocicleta, y, puso, escribir, se, a, una, citación).
10. (porque, que, policía, cargo, el, puso, otro, pensaba, señor, burlaba, le, se, él, de, Juárez, el).

III. Preguntas para expresión oral o escrita:
1. ¿Vives en una casa particular o en una casa de apartamientos?
2. ¿Vives en una ciudad, en un suburbio o en una aldea?
3. Por lo general, ¿comes en casa o en un restaurante?
4. ¿Quién limpia el coche de tu padre?
5. Cuando tienes una cita, ¿llegas temprano, tarde o a tiempo?
6. ¿A quién llamas si tu casa está en llamas? ¿Al ejército, a los bomberos, al médico o al abogado?
7. ¿Tienes una licencia para conducir?
8. ¿Qué dirás si un policía en motocicleta te detendrá?

16. La corrida de toros, I

Yo estaba pasando mis vacaciones en San Sebastián donde había una plaza de toros. Como había leído *Sangre y arena* y había oído mucho hablar de Manolete y de otros toreadores célebres, decidí asistir a una corrida de toros. Quería ver a toda la cuadrilla de toreros:° los capeadores,° los picadores,° los banderilleros° y los matadores.° Por eso hacía cola° en una tarde calurosa delante de la taquilla° de la plaza de toros. Me dijeron que había tres clases de asientos: sombra,° sol y sombra, y sol.

Me dirigí al extranjero° delante de mí para que me ayudara a escoger el mejor sitio. El era, según me dijo más tarde, el doctor Pidal, famoso cirujano° y gran aficionado a los toros.

la cuadrilla de toreros the team of bullfighters
capeadores toreador who excites the bull by waving his cape
picadores toreador on horseback who goads the bull with a lance
banderilleros toreador who jabs darts into the bull to make him lower his neck
matadores the toreador who finally kills the bull with a sword
hacía cola was standing in line
taquilla ticket-booth
sombra shade
extranjero foreigner
cirujano surgeon

—Yo me compro siempre "sol y sombra"— me explicó. —De esta manera me aprovecho del° sol durante la primera parte de la corrida y de la sombra en la segunda parte. Si Ud. quiere, señor, nos sentamos juntos° y le explico los puntos más difíciles de este arte.

Se lo agradecí° y le invité a tomar algo: un vaso de vino, de cerveza,° de aguardiente anisado° . . . ¿de leche, tal vez? Pero no logré° tentarlo.°

—Muchas gracias, señor— me dijo. —La corrida va a empezar en cinco minutos.

—Pero, doctor— dije, —se dice que el reloj jamás domina a un verdadero español.

—Es verdad por lo general. Para una reunión o una cita, nosotros los españoles nos reímos del reloj. Pero la corrida siempre comienza a las tres y media en punto.

Apenas tuvimos tiempo para llegar a nuestros bancos. La procesión de los toreros se puso en marcha.°

me aprovecho de take advantage of

juntos together

agradecí thanked
cerveza beer
aguardiente anisada strong, alcoholic drink
logré succeeded, managed
tentarlo to tempt him

se puso en marcha started out

I. Conteste en frases completas.
1. ¿Dónde pasó el autor sus vacaciones?
2. ¿Cuál es la profesión de Manolete?
3. ¿Qué decidió ver?
4. ¿En qué consiste la cuadrilla de toreros?
5. ¿Qué se vende en la taquilla?
6. ¿Cuántas clases de asientos se venden?
7. ¿Para qué habló el autor al extranjero delante de él?
8. ¿Cuál es la professión del señor Pidal?
9. ¿Por qué se compra el doctor "sol y sombra"?
10. ¿Qué quiere explicar el doctor?
11. ¿Qué le invitó al doctor a beber?
12. ¿Por qué se niega el doctor a tomar algo?
13. ¿Qué acababa de ponerse en marcha cuando llegaron a sus bancos?

II. Complete las frases con la palabra apropiada.
1. Manolete era (capeador, picador, banderillero, matador).
2. Para asistir a una corrida de toros fue a (un toreador, una plaza de toros, una cuadrilla de toreros, un turrón).

3. Se dirigió a un extranjero que le ayudó a escoger el (mayor, mejor, menor) sitio.
4. Compró un billete de (sol, sombra y sol, sombra) para sentarse con el doctor Pidal.
5. En los bancos de sol y sombra se aprovecharán del sol (todo el tiempo, durante la segunda parte de la corrida, durante la primera parte, por la noche).
6. El doctor Pidal dijo que es (dentista, torero, cirujano).
7. El doctor tomó (un vaso de vino, una botella de cerveza, una taza de leche, su asiento).
8. Se dice que (el reloj, el toro, el aguardiente, el matador) jamás domina a un verdadero español.
9. La corrida siempre comienza (a tiempo, en cinco minutos, a las tres de la mañana, a las cinco en punto).
10. Cuando llegaron a sus asientos, la procesión (de los toreros, de los toros, de los matadores) acababa de ponerse en marcha.

III. Preguntas para expresión oral o escrita:
1. ¿Quieres asistir a una corrida de toros?
2. ¿Cuál es tu deporte favorito?
3. ¿Qué asiento prefieres?
4. ¿A qué deporte eres aficionado?
5. ¿Qué bebida prefieres? ¿Vino, cerveza, aguardiente o leche?

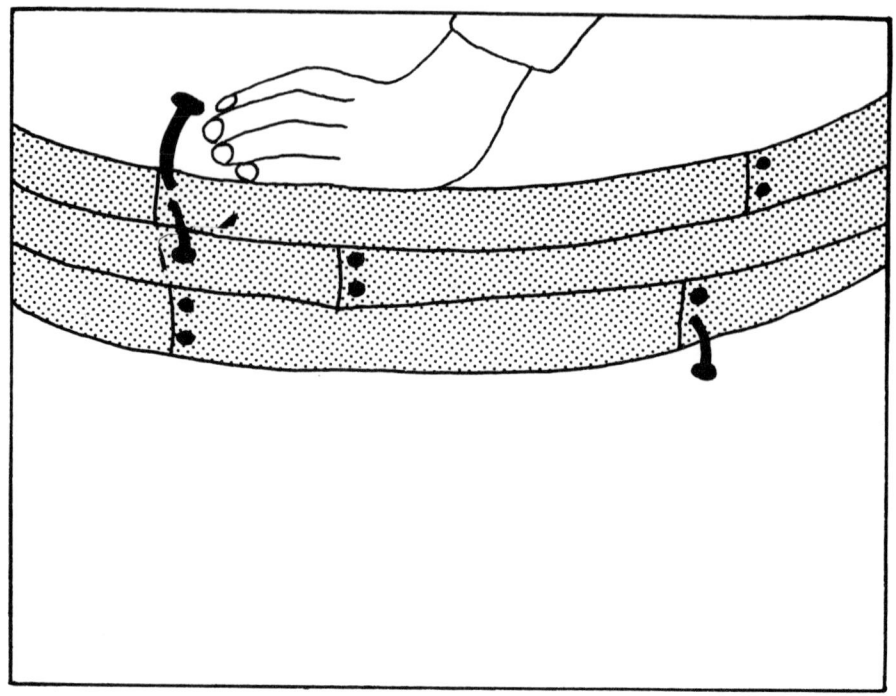

17. La corrida, II

Con la salida del primer toro noté una gran transformación en la cara de mi nuevo amigo. Antes tan tranquilo, se hizo una máscara° de ferocidad. De la boca le salían críticas severas de los toreros ineptos. A su ver° los capeadores, los picadores y los banderilleros no eran dignos del oficio de torero. Era claro que no tenían mucha experiencia. El matador trataba de matar al toro con su espada pero no lo lograba. No me sentía° bien al ver la arena° que se cubría de sangre. Mi amigo se puso más y más agitado. Yo pensaba que iba a combatir a toda la cuadrilla de toreros.

—¡Mátale al matador!— gritó, ciego de furia. —No es matador sino carnicero. ¡Córtale las orejas! ¡No al pobre toro sino al matador!

máscara mask
A su ver In his opinion

No me sentía I didn't feel
arena sand

El segundo toro no quería ir a la batalla y el doctor gritó: —No es toro sino vaca. Es otro cobarde como Fernando.

—¿Quién es Fernando?— le pregunté. —Nunca he oído hablar de él.

Pues me contó la leyenda de Fernando, un animal magnífico que se había visto en una corrida de toros en Madrid. Todo el mundo lo aplaudió porque al entrar en la arena se lanzó° a los toreros con furia. No parecía tener miedo a nadie. De repente se detuvo° y se puso a oler unas flores que se hallaban en la arena. La gente engañada° lo trató de cobarde, de idiota y de vaca.

El doctor me divertía de esta manera por todos los siete toros.

Al momento de levantarme para salir, me rasgué un dedo contra un clavo° del banco. Al verlo, la cara de mi amigo se puso pálida y el gran cirujano se . . . desmayó.°

Cuando volvió en sí,° le pregunté: —¿Qué le pasó, doctor? ¿Está Ud. enfermo?

En una voz débil me confesó:—Amigo, voy a revelarle un gran secreto; no puedo aguantar la vista de . . . sangre . . . humana.

De vez en cuando pienso en el doctor Pidal y me pregunto si sería cirujano de veras.

se lanzó rushed on
se detuvo stopped
engañada deceived
clavo nail
se desmayó fainted
volvió en sí recovered

I. Conteste en frases completas.
1. ¿Qué notó el autor al principio de la corrida?
2. ¿Qué salía de la boca del doctor Pidal?
3. ¿Quién no tiene mucha experiencia?
4. ¿A quién quiere matar el doctor?
5. ¿Cómo es el segundo toro?
6. Cuente la leyenda de Fernando.
7. ¿Cuántos toros había durante la corrida?
8. ¿Qué ocurrió al autor al salir de la corrida?
9. ¿Qué pasó al doctor Pidal?
10. ¿Qué no puede aguantar el doctor?

II. Escoja una frase que completa la oración.
1. Al ver el primer toro, ¿cómo se puso el doctor Pidal? Se puso . . .
   a) tranquilo.
   b) amigable.
   c) magnífico.
   d) feroz.
2. ¿Por qué se cubría la arena de sangre? Se cubría de sangre porque . . .
   a) el matador no sabía matar al toro.
   b) el matador tenía mucha experiencia.
   c) los capeadores eran muy ineptos.
   d) el doctor criticaba a los toreros.
3. ¿A quién quería matar el doctor? Quería matar . . .
   a) al torero.
   b) al toro.
   c) a Fernando.
   d) al cirujano.
4. Según el cuento, ¿quién no quería combatir más?
   a) Fernando
   b) el matador
   c) el señor que olía las flores
   d) la vaca
5. ¿Por qué se desmayó el cirujano? Se desmayó . . .
   a) porque el doctor se ha rasgado el dedo contra un clavo.
   b) porque al señor Pidal no le gustaba ver sangre humana.
   c) porque volvió en sí.
   d) porque, sin duda, era gran cirujano.

18. La mujer de mal genio

El señor Morales se casó con una mujer de mal genio. Aunque él es un hombre muy amable, ella es siempre desagradable con él; no sólo con él, sino con todos.

Un día ella estaba mirando una procesión funeraria que pasaba por la avenida. Una banda de músicos tocaba una marcha funeraria y había por lo menos cincuenta coches en esta procesión. Un señor que se hallaba a su lado, le preguntó: —¿Puede Ud. decirme quién ha muerto? Sin duda, el difunto° es un hombre muy importante si lo honran de esta manera.

difunto dead person

—Señor— dijo ella en voz fría sin mirarlo, —no sé quién ha muerto. Pero creo que es el individuo que se halla en el primer coche.

Morales, caballero muy bueno y filosófico, nunca se

queja de su esposa aunque ella trata siempre de enojarlo. Una tarde él estaba para salir al ateneo° donde tenía que pronunciar un discurso° literario.

ateneo literary society
discurso speech

—¿Adónde vas?— le preguntó ella.
—Voy al ateneo, querida— contestó.
—¿Por qué tratas de engañarme?— dijo ella.
—Pero yo te digo la verdad, Anita. Voy al ateneo.
—¡Miserable! Cuando dices que vas al ateneo es para hacerme creer que vas a la cantina, y tú sabes que me enojo cuando tú vas a la cantina. ¿Por qué tratas de enojarme?— gritó ella en voz de trueno.

Morales no quería y no podía defenderse contra la lógica extraordinaria de su mujer. Por eso no trataba de responder a sus insultos y sonrió para calmarla. Pero cuanto más él sonreía tanto más° se ponía ella furiosa. Al fin, no pudiendo aguantar más la calma de su marido, ella cogió una olla de agua y se la echó° encima.

cuanto más ... tanto más the more ... the more
echó threw

Morales, mojado de la cabeza hasta los pies, salió a la calle donde lo esperaba su amigo Hernández. Este había oído toda la conversación y estaba sumamente asombrado al ver a Morales que todavía sonreía.

—¿Cómo es posible sonreír, amigo, cuando tu mujer te regaña° y te echa encima una olla de agua?

regaña grumbles at

—Sonrío— dijo en un tono filosófico, —porque me doy cuenta de que después del trueno,° viene la lluvia.

trueno thunder

I. Conteste en frases completas.

1. ¿Con quién se casó el señor Morales?
2. ¿Qué preguntó el hombre a la señora Morales?
3. ¿Cómo respondió la señora?
4. ¿Por qué quiso el señor Morales ir al ateneo?
5. ¿Adónde cree la señora que su esposo quiera ir?
6. ¿Por qué sonrió el señor Morales?
7. ¿Qué echó la mujer a su esposo?
8. ¿Qué hizo Morales?
9. ¿Quién oyó toda la conversación?
10. ¿Por qué sigue sonriendo Morales?

II. Escoja la frase que completa la oración.
1. ¿Con quién está desagradable la señora?
   a) con una mujer de mal genio
   b) con su marido
   c) con todo el mundo
   d) con el señor Morales
2. ¿Quién está en el primer coche?
   a) el individuo que mira la procesión
   b) el muerto
   c) el señor Morales
   d) todo el mundo
3. ¿De quién se quejaba el señor Morales?
   a) Se quejaba de su mujer.
   b) Se quejaba de su esposa.
   c) Se quejaba de su querida.
   d) No se quejaba de nadie.
4. ¿Qué va a hacer el señor Morales?
   a) Va a la cantina.
   b) Va al ateneo.
   c) Va a quedarse en casa.
   d) Va a responder a los insultos de su esposa.
5. ¿Por qué le echó encima una olla de agua?
   a) Porque después del trueno viene la lluvia.
   b) Porque ella es muy lógica.
   c) Porque el señor ha tratado de engañarla.
   d) Porque su marido le ha dicho la verdad.

19. Niños sabios

Los domingos se reunen° los campesinos en la cantina para tomar algo y para charlar° con sus amigos. Se divierten mucho de esta manera. A veces discuten asuntos serios pero, por lo general, prefieren contar experiencias cómicas para reírse.

<small>se reunen meet, gather together
charlar to chat</small>

—Mi hija menor, Alicia— dice Sebastián a sus compañeros, —es una chica que comprende bien la aritmética y que es muy lógica. Ayer, por ejemplo, su hermana mayor, Flora, le preguntó cuántos años tiene y ella dijo: "Cinco años." "¿Y el año pasado?" "Cuatro años." "Como cuatro y cinco hacen nueve, tú tienes nueve años" dijo Flora.

—No es fácil engañar a Alicia. Inmediatamente ella preguntó a su hermana mayor: "¿Cuántas piernas tienes tú, Flora?" "Naturalmente tengo dos piernas como todo el mundo." "¿Y el año pasado?" "Dos, también." "Pues bien" dijo Alicia, "como dos y dos hacen cuatro, tú tienes cuatro piernas y eres un burro."

Ahora es Fernando que insiste que su hijo Felipe es aun más inteligente.

—Claro es que va a llegar a ser un gran científico. Hace una semana atrapó° un saltamontes.° Puso el insecto sobre la mesa y cuando gritó "¡Salta!" el animalito saltó. Entonces le arrancó° al animalito las piernas. Le puso otra vez sobre la mesa y de nuevo gritó: "¡Salta!" Pero esta vez el saltamontes no saltó. "Esto prueba"° me dijo Felipe, "que si le arrancamos las piernas, el saltamontes se pone sordo."

atrapó trapped
saltamontes grasshopper

arrancó pulled out

prueba prooves

—Amigos— dice el viejo Alvarez, —es verdad que sus hijos son sumamente inteligentes. Pero, a mi juicio, mi nieta, Adelita, criatura de doce semanas, es la nena más inteligente del mundo. Ya lee el periódico, y escucha la radio. Pasa todo el tiempo pensando en los problemas del mundo —la guerra, la contaminación del aire, el costo de la vida y los impuestos° que van aumentándose.°

impuestos taxes
aumentándose increasing

—Amigo Alvarez— dijeron los otros, —creemos lo que nos cuentas porque eres un hombre muy honrado, pero dinos, ¿cómo sabes lo que piensa la nena si no habla todavía?

—No es necesario hablar con ella para saber que ella piensa en los problemas internacionales y domésticos. Si ella no está pensando en estos asuntos tan tristes, ¿por qué está llorando todo el tiempo?

I. Conteste en frases completas.
1. ¿Por qué van a la cantina los campesinos?
2. ¿Cómo se llaman las hijas de Sebastián?
3. Según la hija mayor, ¿cuántos años tiene la hermana menor?
4. ¿Cuántas piernas tiene Flora?
5. ¿Qué va a ser el hijo de Fernando?
6. ¿Por qué cree Felipe que es sordo el saltamontes?
7. ¿Cuántos años tiene Adelita?

8. ¿Qué sabe hacer ella?
9. ¿Lo creyeron a Alvarez sus amigos?
10. Según Alvarez, ¿por qué está llorando su nieta?

II. Escoja una frase que completa la oración.
   1. ¿Qué no se hace en la cantina?
      a) No se divierten los campesinos.
      b) No dan de beber a los chicos.
      c) No hablan de asuntos serios.
      d) No hablan de asuntos cómicos.
   2. ¿Cuántos años tendrá la hija meñor de veras el año próximo? Tendrá . . .
      a) cuatro años.
      b) seis años.
      c) nueve años.
      d) diez años.
   3. ¿Por qué no saltó el saltamontes según el hijo de Fernando? No saltó porque . . .
      a) se hizo sordo.
      b) no tenía piernas.
      c) el hijo de Fernando es científico.
      d) el hijo de Fernando gritó: —¡Salta!
   4. Según Alvarez, ¿qué hace su nieta?
      a) Mira la televisión.
      b) Habla de la guerra.
      c) Lee el diario.
      d) Paga los impuestos.
   5. ¿Cómo sabe Alvarez que su nieta es inteligente? Lo sabe porque . . .
      a) no tiene más de tres meses.
      b) su condición es muy mala.
      c) llora muchísimo.
      d) tiene miedo del aire contaminado.

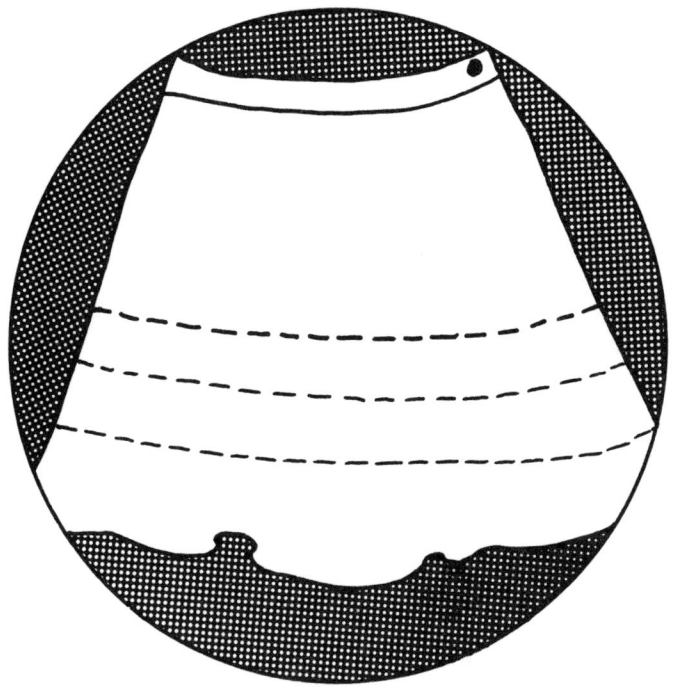

20. Las modas

—Mamá— dijo María, —¿qué te parecen las modas° de hoy día? ¿Te gustan las minifaldas, por ejemplo?   **modas** styles

—A mí me gustan todas las modas— dijo la madre, —las modas de hoy día y las de tiempos pasados. A mi juicio, cada generación tiene sus propias modas. Voy a contarte algo muy interesante. Nuestra familia ha creado° una moda de que se burlaba la gente cuando tenía yo quince años pero que es muy popular hoy día.   **creado** created

—¡Tú te burlas de mí, mamá!

—No, hija mía, te digo la verdad. . . .. Un día me compré una falda que era demasiado larga de tres centímetros. Pedí a mi madre, tu abuela Marta, que ella la acortase.°   **acortase** shorten

—Tengo que ir de compras— me dijo. —Lo siento

mucho. A propósito, ¿por qué no lo haces tú misma, Carmencita? Tú aprendiste a coser° en la escuela."

coser to sew

—Pero como yo tenía mucho que hacer también, me dirigí° a mi abuela, Berta, tu bisabuela,° pero ella tenía dolor de cabeza. Quedaba solamente tu tía Silvia, pero ella tenía una cita con su novio, (ahora tu tío Roberto). Decidí dejar la ropa sobre una silla y salí de la casa.

me dirigí I went to
bisabuela great-grand mother

—Mi abuela, Berta, sintiéndose mejor durante mi ausencia, acortó° la falda y la dejó sobre la misma silla. Tu abuela, Marta, al regresar a casa hizo lo mismo. Cuando yo volví a casa estaba demasiado fatigada para mirar la falda.

acortó shortened

—Toda la familia estaba ya dormida al regresar Silvia de su cita con Roberto. Como se había divertido mucho, decidió acortar la falda también.

—Al día siguiente me levanté muy temprano y acorté mi falda porque era domingo e íbamos a la iglesia.

—A la hora del desayuno, entré en el comedor llevando una falda cortísima. Fue la primera minifalda pero la familia no me permitieron ir a la iglesia vestida de esta manera.

I. Conteste en frases completas.
   1. ¿A la madre le gustan las minifaldas?
   2. ¿Qué ha creado su familia?
   3. ¿Cómo era la falda de la madre?
   4. ¿Qué pidió a su madre? ¿A su abuela? ¿A su hermana?
   5. ¿Pudieron ellas ayudarla?
   6. ¿Qué hizo su abuela a la falda?
   7. ¿Qué hizo su madre a la falda?
   8. ¿Qué hizo su hermana a la falda?
   9. ¿Qué hizo la madre de María a la falda la mañana siguiente?
   10. ¿Llevó la falda a la iglesia? ¿Por qué?

II. Escoja la frase que completa la oración.
   1. ¿Cómo se llama la abuela de María? Se llama . . .
      a) Marta.
      b) Silvia.

c) Berta.
   d) Carmencita.
2. ¿Cómo era la falda que había comprado? Era demasiado . . .
   a) larga.
   b) corta.
   c) estrecha.
   d) ancha.
3. ¿Quién la acortó la primera vez? . . . la acortó.
   a) Marta
   b) Silvia
   c) Berta
   d) Carmencita
4. ¿Por qué no la acortó Silvia inmediatamente? No la acortó pronto porque . . .
   a) tenía dolor de cabeza.
   b) iba de compras.
   c) tenía una cita.
   d) se ha divertido mucho.
5. ¿Por qué no llevó María su falda a la iglesia? No la llevó porque . . .
   a) no iba allí el domingo.
   b) nadie llevaba esta clase de falda.
   c) Silvia quería llevarla.
   d) Roberto la había acortado.

21. Un cuento para dar miedo

Domingo Sarmiento cuenta la vida del famoso caudillo gaucho,° Facundo, tigre de los llanos.°

—Cuando yo tenía unos veinte años— dijo el general a un grupo de amigos, —estaba yo de pie en la pampa° sin caballo y sin arma. De repente, vi un tigre corriendo hacia mí. Trepé° de prisa en un ombú° para salvarme. De vez en cuando el tigre saltaba para tratar de alcanzarme. —Ojalá que viniese alguien a ayudarme— me decía. Hacia la tarde llegaron mis amigos y, después de una lucha terrible, lo mataron a puñaladas.° Por primera vez supe lo que era tener miedo.

Por ser° gran héroe el era invitado a muchas tertulias° donde las damas le pedían que contara sus aventuras

caudillo gaucho chief of the South American cowboys
llanos plains
pampa Argentinian plains

Trepé I climbed
ombú South American tree

a puñaladas with a knife

Por ser For being
tertulias social gatherings, parties

increíbles. Al gaucho Facundo no le gustaba hablar de sí mismo.

Una tarde, que se encontraba rodeado de un grupo de damas que lo admiraban y no lo dejaban descansar, contó lo siguiente:

—Un día de otoño en el mes de abril me hallaba en la pampa sin escopeta ni cuchillo ni siquiera° un lazo.° Había desmontado para reposar° mi caballo. De repente vi un tigre feroz que se acercaba a mí. Como no tenía arma y mi caballo estaba demasiado lejos de mí, buscaba un árbol en donde esconderme.° ¡No había ninguno!

—Me puse a correr en la dirección opuesta pero vi otro tigre que se me acercaba también. A mi gran sorpresa y miedo, noté que había otros tigres también: uno a mi derecha, otro a mi izquierda y un quinto que me miraba con ojos ardientes.°

—Todas las fieras° se lanzaron sobre mí.

—¿Qué le pasó entonces?— dijeron todas las damas temblando de miedo.

—Lo que ocurrió me da miedo hasta en este momento— dijo él.

—Por favor, díganos lo que ocurrió— rogaron° las damas. Facundo las miró, pues dijo tristemente:

—¡Las horribles fieras me mataron!

<small>ni siquiera not even
lazo lasso
reposar to rest
esconderme to hide myself
ardientes burning, ardent
fieras wild beasts
rogaron begged</small>

I. Conteste en frases completas.
1. ¿Cuál es el apodo del general Juan Facundo Quiroga?
2. ¿Quién contó la vida de este caudillo gaucho?
3. ¿Dónde se halló cuando tenía unos veinte años?
4. ¿Qué vio de repente?
5. ¿Por qué trepó en un ombú?
6. ¿Para qué saltaba el tigre de vez en cuando?
7. ¿Cuándo llegaron sus amigos?
8. ¿Qué hicieron?
9. ¿Qué le pidieron las damas?
10. ¿Dónde se hallaba un día de otoño?
11. ¿Por qué había desmontado?

12. ¿Por qué no montó en un árbol?
13. ¿Qué vio al correr en la dirección opuesta?
14. ¿De qué estaba rodeado?
15. ¿Qué hicieron todas las fieras al mismo tiempo?
16. Según Facundo, ¿qué ocurrió?

II. Arregle las frases en la serie correcta.
1. El animal trataba de agarrarlo.
2. Vio un tigre que corría hacia él.
3. Sus amigos llegaron y mataron a la fiera.
4. A la edad de veinte años se hallaba sin caballo y sin arma.
5. Trepó rápidamente en un árbol porque no quería morir.

III. Complete las frases de columna A con una de columna B.

A	B
1. Un día estaba en la pampa	a) sobre él al mismo tiempo.
2. Estaba de pie para	b) lo mataron.
3. Vio un tigre feroz que	c) se acercaba a él.
4. Buscaba un árbol en que	d) estaba rodeado de tigres.
5. No había ninguno. Por eso	e) trepar y esconderse.
6. Se detuvo porque notó que	f) se puso a correr en otra dirección.
7. Todas las fieras se lanzaron	g) sin cuchillo, ni escopeta ni lazo.
8. Y como no podía escaparse	h) reposar su caballo.

IV. Preguntas para expresión oral o escrita:
1. ¿De qué o a quién tienes tú miedo?
2. ¿Te gusta hablar de tus aventuras?
3. ¿Qué harías si viera a un tigre acercándose a ti?
4. ¿Quién te ha invitado a una tertulia?
5. ¿Qué hiciste en la tertulia?
6. ¿Prefieres estar rodeado de jóvenes o de fieras?

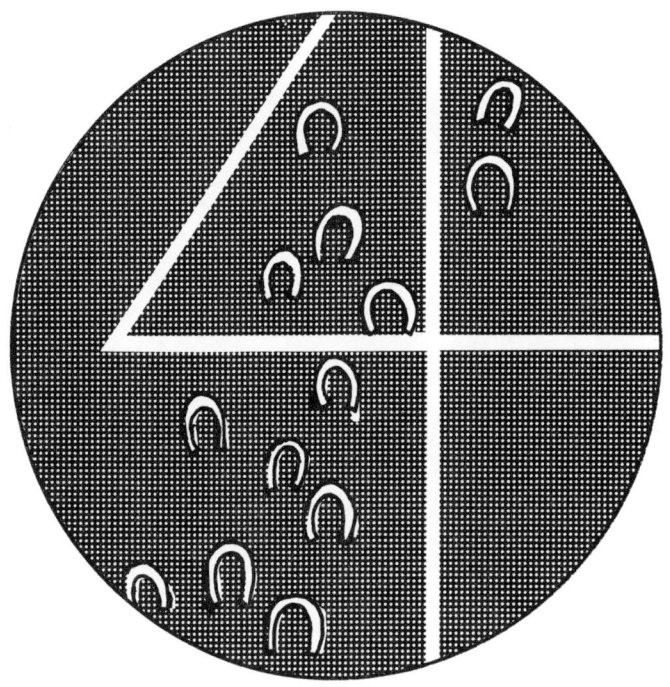

22. El gaucho y el rastreador

El gaucho era vaquero,° domador° de caballos y jinete° sin igual. Podía quedarse en la silla° días enteras. Era robusto, valiente y muy honrado. Al fin del día le gustaba tomar algo, jugar a los naipes° o escuchar a un trovador° que cantaba canciones originales acompañándose en la guitarra. Siempre estaba para pelear° cuando se creía insultado. A menudo tenía que combatir con los cuatreros° que trataban de robar el ganado° o de hacerle daño. Luchó por la liberación de la Argentina en el ejército del General Quiroga.

El gaucho era también excelente rastreador.° Podía seguir los rastros° de un cuatrero a través de las pampas y de las selvas como hacían los indios nortea-

vaquero cowboy
domador wrangler, horse tamer
jinete horseman
silla saddle
jugar a los naipes to play cards
trovador minstrel
pelear to fight
cuatreros cattle rustlers
ganado cattle
rastreador tracker
rastros tracks

mericanos. El testimonio de un rastreador era aceptado por cualquier° juez como pura verdad.

<small>cualquier whatever</small>

En una de las campañas de San Martín, un rastreador, sirviendo de guía, dio con° los rastros de un ejército español. Después de apearse,° examinó las huellas° y dijo al general:

<small>dio con met
apearse to dismount
huellas tracks</small>

—Quinientos jinetes pasaron por aquí hace una hora y media.

El general mandó que sus tropas siguieran a las tropas enemigas. Después de un paseo de diez millas, dieron con quinientos soldados, como había predicho° el rastreador. Los soldados enemigos fueron vencidos° por los patriotas y se rindieron° después de una batalla sangrienta. El general, lleno de asombro, preguntó al vaquero que se hallaba a su lado:

<small>predicho predicted
vencidos conquered
se rindieron surrendered</small>

—¿Cómo supo Ud. que había quinientos jinetes? Yo no podía distinguir nada.

—Es sencillo, general— dijo el rastreador. —Conté las pisadas° de los animales y las dividí por cuatro.

<small>pisadas footprints</small>

I. Conteste en frases completas.
1. ¿Qué era el gaucho?
2. ¿Cómo era el gaucho?
3. ¿Qué hacía para descansar?
4. ¿Quién cantaba canciones originales?
5. Cuando se creía insultado, ¿cómo estaba?
6. ¿Con quién tenía que combatir a menudo?
7. ¿Qué hizo en el ejército del General Quiroga?
8. ¿Qué hace un rastreador?
9. ¿Quién aceptaba el testimonio del rastreador como pura verdad?
10. ¿Con qué dio el rastreador que servía de guía?
11. ¿Qué anunció al general después de examinar las huellas?
12. ¿Qué mandó el general a sus tropas?
13. ¿Con quién dieron las tropas?
14. ¿Quién ganó la batalla sangrienta?
15. Según el rastreador, ¿cómo supo que había quinientos soldados?

II. Complete las frases con una de las palabras siguientes.

(rastreadores, soldados, San Martín, trovador, pisadas, enteras, ejército, guía, cuatreros, las huellas)
1. El vaquero podía quedarse montado en su caballo días . . . .
2. Le gustaba escuchar a un . . . que cantaba y se acompañaba en la guitarra.
3. Tenía que pelear cuando los . . . trataron de tomar el ganado sin pagar.
4. Había muchos gauchos en el . . . del General Quiroga.
5. Los indios norteamericanos y los gauchos eran excelentes . . . .
6. Un rastreador servía de . . . en el ejército de San Martín.
7. Después de examinar . . ., dijo al general que quinientos jinetes habían pasado por este camino.
8. Las tropas del general encontraron a quinientos . . . enemigos.
9. . . . al mirar los rastros no supo cuántos jinetes habían pasado.
10. El guía dijo que había contado dos mil . . . y por eso supo que había quinientos jinetes.

III. Preguntas para expresión oral o escrita:
1. ¿Qué haces cuando alguien trata de hacerte daño?
2. ¿Qué haces para divertirte y para descansar?
3. Cuando tú te hallas ante un juez, ¿dices siempre la pura verdad?
4. ¿Sabrías seguir los rastros de un elefante a través de una gran tienda de vajilla?
5. ¿Puedes cantar acompañándote de una trompeta?

23. En boca cerrada no entra mosca,° I

mosca   fly

Una noche oscura salté del avión no lejos de la capital. ¿Cuál capital? Montevideo... La Habana... Ciudad Trujillo... ¡Qué me importa el nombre de la capital o del país! Soy aventurero; no soy patriota. No soy idealista como don Quijote que combate molinos.° Lucho por la nación que me paga. ¿Cómo me llamo? En este momento me llamo Jaime Cero, espión.°

molinos   mills

espión   spy

    Enterré° mi paracaídas° y empecé a caminar hacia la ciudad, evitando° las carreteras. Mi misión peligrosa era hallar al jefe de los espías de la junta revolucionaria, el célebre Bocacerrada. Aprendió el espionaje de su padre quien lo aprendió del abuelo. Uno de sus antepa-

Enterré   I buried
paracaídas   parachute
evitando   avoiding

sados° fue responsable por la derrota° de la Armada Invencible; otro bisabuelo tomó parte en las guerras de la liberación de Simón Bolívar y de O'Higgins. Pero no se sabe de qué lado luchaban.

    Los Bocacerrada eran muy valientes. Muchos murieron por no querer revelar secretos al enemigo. Su divisa° era: "No abra la boca aun ante el dentista." Los comunistas no podían nunca atraparlos.° Por eso los jefes rusos decían: —Son pícaros, los Bocacerrada. Claro es que en Bocacerrada no entra Moscú.

    A las seis de la mañana, después de una larga caminata,° llegué a una estación del ferrocarril. Cinco minutos más tarde subí al tren y entré al lavatorio donde me disfracé° con peluca,° bigote y barba.

    En el centro, tomé un taxi hasta los suburbios. De vez en cuando yo cambiaba de transporte disfrazándome varias veces. Bajé de un ómnibus a dos manzanas° de la residencia de Bocacerrada. Fui a su casa a pie, mirando, a cada momento, por todas partes para ver si alguien me seguía.

antepasados forefathers, ancestors
derrota defeat

divisa motto
atraparlos to trap, catch them

caminata hike

disfracé disguised
peluca wig

manzanas blocks

I. Conteste en frases completas.
1. ¿Quién saltó del avión?
2. ¿Dónde saltó?
3. ¿Por quién lucha?
4. ¿Cómo se llama en este momento?
5. ¿Qué enterró?
6. ¿En qué dirección caminó?
7. ¿Cuál era su misión peligrosa?
8. ¿Cuál era la profesión de los antepasados de Bocacerrada?
9. ¿En qué guerras tomaron parte los Bocacerrada?
10. ¿Por qué murieron muchos Bocacerrada?
11. ¿Cuál es su divisa?
12. ¿Por qué dijeron los comunistas que en Bocacerrada no entra Moscú?
13. ¿A qué hora llegó Jaime a una estación de ferrocarril?
14. ¿Cómo se disfrazó?
15. ¿Qué hacía de vez en cuando al cambiar de transporte?
16. ¿Para qué miraba por todas partes?

II. Diga si las frases son la verdad o una mentira.
1. El espión saltó del avión lejos de Montevideo.
2. Jaime Cero es su verdadero nombre.
3. No caminaba en las carreteras.
4. El famoso Bocacerrada lo buscaba.
5. Los abuelos de Bocacerrada fueron espías célebres también.
6. Los rusos decían que esta familia de espías revelaba sus secretos.
7. Jaime se disfrazaba varias veces antes de llegar a la casa de Bocacerrada.
8. Al llegar a la casa, notó que alguien lo seguía.

III. Preguntas para expresión oral o escrita:
1. ¿Cómo vas a la escuela? ¿A pie, por ómnibus o por coche?
2. ¿Cuál es la capital de tu país?
3. ¿Cuál es la capital del estado en que vives?
4. ¿Vives en una aldea o en una ciudad?
5. ¿Cuál es tu dirección?
6. Si estallara una guerra, ¿por cuál país lucharías?

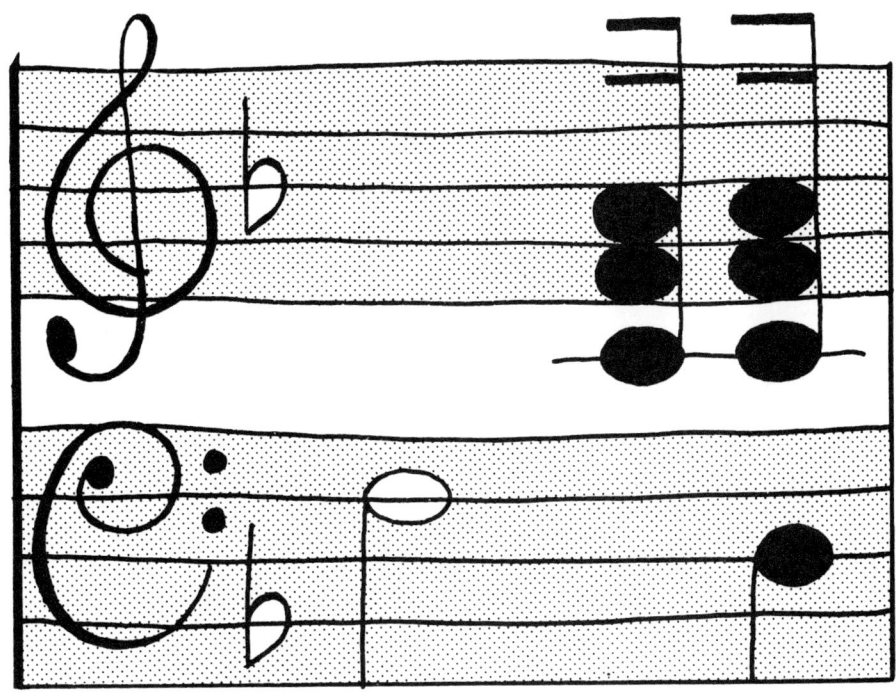

24. En boca cerrada no entra mosca, II

Por fin entré en el zaguán° y consulté la lista de inquilinos° de esta casa de apartamentos. Hallé lo que buscaba: "Bocacerrada, segundo piso." Me disfracé otra vez, cambiando de bigote. Mientras subía° la escalera, repetía la contraseña.° Era la primera parte de la canción mexicana, *Cielito Lindo*. Para identificarme a Bocacerrada, yo tenía que cantar la primera parte de esta canción. Y él debía de responderme cantando el coro.°

Al llegar al segundo piso, vi en una puerta una tarjeta° de visita llevando el nombre, Bocacerrada. Llamé cautamente° tres veces según una seña predeter-

zaguán hall
inquilinos tenants

subía was going up

contraseña password

coro chorus

tarjeta card
cautamente cautiously

minada. La puerta se abrió un poquito. Por la abertura° estrecha° vi un ojo que me miraba con gran interés. Empecé a cantar: —De la sierra morena, cielito lindo, vienen bajando un par de ojitos negros, cielito lindo, de contrabando.

    La puerta se abrió de par en par.° Un hombre bajo, gordo y calvo° con el rostro° blando y redondo apareció ante mis ojos asombrados. Tenía en la mano una escoba.°

    ¿Era este bobo que tenía semejanza° a Sancho Panza o, tal vez, a Dulcinea, el famoso espión? ¡Imposible! Estaba seguro de que los para quienes yo trabajaba no se fiaban° más de mí. Quizás deseaban desprenderse de° mí. ¡Era una trampa!°

    En este momento, el individuo ridículo abrió la boca y se oyó una voz de tiple:° —¡Ai . . . !

    ¿Iba a cantar el coro?: "Ai, ai, ai, ai, canta y no llores, porque cantando se alegran, cielito lindo, los corazones."

    —Ai— dijo de nuevo. —Creo que Ud. se ha equivocado, señor. Soy yo Bocacerrada el boxeador. Estará Ud. buscando a Bocacerrada, el espión. El vive en el quinto piso.

abertura opening
estrecha narrow

de par en par wide
calvo bald
rostro face

escoba broom

semejanza likeness

se fiaban trust
desprenderse de to get rid of
trampa trap

tiple soprano

I. Conteste en frases completas.
    1. ¿Qué consultó Jaime en el zaguán?
    2. ¿En qué piso vivía Bocacerrada según la lista de inquilinos?
    3. ¿Qué repetía mientras subía la escalera?
    4. ¿Qué tenía que cantar para identificarse?
    5. ¿Qué debía de responder Bocacerrada para identificarse?
    6. ¿Dónde vio una tarjeta llevando el nombre, Bocacerrada?
    7. ¿Cuántas veces llamó a la puerta?
    8. ¿Qué vio por la abertura estrecha?
    9. ¿Qué pasó cuando cantó su contraseña?
   10. Describa al hombre que apareció.
   11. ¿Qué tenía en la mano?
   12. ¿A quién tenía semejanza este hombre?
   13. ¿De qué estaba seguro Jaime Cero?

14. ¿Qué se oyó?
15. ¿Qué pensó Jaime al oír "Ai"?
16. ¿Quién es este individuo?
17. ¿Dónde vive Bocacerrada el espión?

II. Complete las frases de columna A con una de columna B.

A	B
1. Entró en la casa de apartamientos	a) este hombre era el famoso Bocacerrada.
2. La contraseña	b) deseaban desprenderse de él.
3. Al oír la primera parte de *Cielito Lindo*	c) debía de cantar el coro.
4. Vio el nombre de Bocacerrada en	d) y consultó la lista de inquilinos.
5. Cuando llamó a la puerta	e) una escoba en la mano.
6. El hombre gordo y calvo tenía	f) un ojo lo miró con gran interés.
7. Jaime no podía creer que	g) en el segundo piso.
8. Jaime pensaba que sus amos	h) una tarjeta.
9. Bocacerrada el boxeador vivía	i) en el quinto piso.
10. Bocacerrada el espía vivía	j) era una canción mexicana.

III. Preguntas para expresión oral o escrita:
1. ¿En qué clase de casa vives? ¿En una casa particular, en una casa de apartamentos o en un hotel?
2. ¿Tienes bigote, barba o peluca?
3. ¿En qué piso vives?
4. ¿De qué color son los ojos? ¿Azules, negros, pardos o grises?
5. ¿Tienes pelo o eres calvo?
6. ¿Con qué limpias el suelo?
7. ¿Desean tus padres desprenderse de ti?
8. ¿Qué clase de voz tienes? ¿De tiple, baja o contralta?

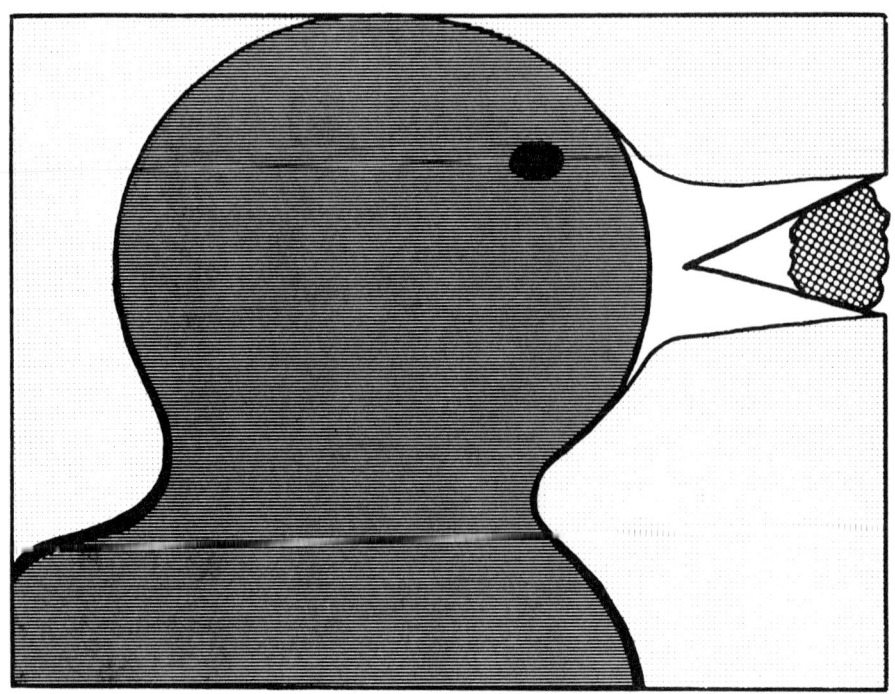

25. El zorro y la corneja, I

Según la leyenda la corneja° estaba en un árbol. Tenía en el pico° un pedazo de queso cuya fragancia atrajo° a un zorro° que deseaba saborearlo.° Este empezó a piropearla.° Le dijo: —Como es la Nochebuena, ¡hazme el favor de cantarme un villancico!°

La corneja, engañada por las alabanzas, abrió la boca para cantar y dejó caer el queso. El zorro tragó° el queso y le dijo: —Boba corneja, ¡cuidado con los que te halagan!°

Según un viejo manuscrito, el mismo zorro puso pleito° contra la corneja por difamación de carácter. Alegó° que la corneja había inventado la fábula para vengarse de° él porque él se había negado a ser su novio. El abogado del zorro está tratando, en este

corneja crow
pico beak
atrajo attracted
zorro fox
saborearlo to taste it
piropearla to pay her compliments
villancico Christmas carol

tragó swallowed

halagan flatter

puso pleito brought suit
Alegó He alleged, claimed
vengarse de to get revenge on

momento, de probar que la corneja mentía° al decir que ella tenía un pedazo de queso en el pico. El juez ya le dijo que ella tiene el derecho de negarse a decir cualquier cosa que pueda inculparla.°

    mentía was lying
    inculparla to incriminate her

El abogado: Señora . . .
La corneja: ¡Hágame el favor de llamarme "Señorita!" Soy soltera° . . . por preferencia.
El abogado: (en voz baja) Por preferencia de los hombres. (en voz alta) Se . . . ño . . . ri . . . ta, ¿dónde estaba Ud. el veinticuatro de diciembre, en la Nochebuena?
La corneja: Estaba en casa, preparándome para ir a la Misa del Gallo. Soy muy piadosa.°
El abogado: Tal vez estaba Ud. cosiendo botones en su nuevo traje, o cocinando un pastel, o lavando la vajilla° o limpiando su casa. ¿No es verdad que estuviese en las ramas de un árbol y no en su casa? ¡Conteste a la pregunta con un "sí" o un "no"!
La corneja: Es imposible responder a tal pregunta por "sí" o "no." Como soy pájaro, vivo en un árbol. Para mí, el árbol es mi casa.
El abogado: Señorita, cuando el señor Zorro le hablaba, ¿qué tenía Ud. en la boca además de su lengua?
La corneja: Un pedazo de queso.
El abogado: Hace un momento Ud. dijo que es muy piadosa. Entonces, ¿por qué estaba Ud. comiendo queso antes de ir a la Misa del Gallo? Ud. sabe que es pecado° comer antes de ir a la iglesia.
La corneja: No dije que estaba comiéndolo. Dije sólamente que lo tenía en el pico.
El abogado: ¡Es lo mismo!
La corneja: ¡No es lo mismo! ¡Mire Ud. al juez y al jurado!° ¡Llevan zapatos puestos° pero no andan para ninguna parte!

    soltera single
    piadosa pious
    vajilla dishes
    pecado sin
    jurado jury
    llevan zapatos puestos have their shoes on

I. Conteste en frases completas.
1. Según la leyenda, ¿dónde estaba la corneja?
2. ¿Qué tenía en el pico?
3. ¿Quién fue atraído por la fragancia?
4. ¿Cuándo se cantan villancicos?
5. ¿Cómo dejó caer el queso?
6. ¿Qué hizo el zorro?
7. Según el viejo manuscrito, ¿por qué puso pleito el zorro contra la vieja?
8. ¿Qué alegó?
9. ¿Quién está tratando de probar que la corneja mentía?
10. ¿Qué derecho tiene la corneja según el juez?
11. ¿Está casada la corneja?
12. ¿Dónde estaba ella en la Nochebuena?
13. ¿Qué hacía ella aquella noche?
14. ¿Por qué no contesta ella con un "si" o un "no"?
15. ¿Por qué dice ella que el árbol es su casa?
16. ¿Qué no hacen los piadosos antes de ir a la Misa del Gallo?
17. Según la corneja, ¿estaba ella comiendo el queso?
18. Aunque el juez y el jurado llevan zapatos puestos, ¿es verdad que andan para alguna parte?

II. Arregle las palabras en una frase.
1. (que, la, corneja, tenía, dijo, de, un, en, el, queso, pedazo, pico).
2. (un, la, por, las, zorro, alabanzas, engañó).
3. (la, al, para, abrir, cantar, boca, queso, dejó, el, caer).
4. (manuscrito, zorro, el, un, según, viejo, puso, corneja, la, contra, pleito).
5. (el, del, la, abogado, zorro, corneja, dijo, mentía, que).

III. Conteste las preguntas en columna A con las respuestas en columna B.

A	B
1. ¿Dónde estaba Ud. el veinticuatro de diciembre?	a) Para mí, el árbol es mi casa.
2. ¿No es verdad que estuviese en las ramas de un árbol y no en su casa?	b) El juez y el jurado llevan zapatos puestos pero no andan para ninguna parte.

3. ¿Qué tenía Ud. en la boca?   c) Un pedazo de queso.
4. ¿Por qué estaba Ud. comiendo queso antes de ir a la Misa del Gallo?   d) Me hallaba en casa, preparándome para ir a la Misa del Gallo.
5. ¿Tener queso en el pico y comerlo son lo mismo?   e) Dije solamente que lo tenía en el pico.

IV. Preguntas para expresión oral o escrita:
 1. Si no recibes buenas notas, ¿contra quién pondrás pleito?
 2. ¿Qué fragancia prefieres? ¿La del queso o la de las flores?
 3. ¿Qué cantas durante la Navidad?
 4. ¿Tienes el derecho de callarte para no inculparte?
 5. ¿Cuándo dices "Felices Pascuas"?

26. El zorro y la corneja, II

El abogado: Señorita, ¿cómo obtuvo Ud. el queso?
La corneja: Me lo dio un muchacho.
El abogado: ¿Cuánto pagó Ud. por el queso?
La corneja: No pagué nada. Le di un beso por el queso.
El abogado: ¿Puede Ud. identificar al muchacho a quien Ud. dio un beso por el queso?
La corneja: No puedo identificarlo.
El abogado: ¿Por qué no, señorita?
La corneja: Porque a mí me parecen iguales todos los muchachos, como parecen semejantes° a los muchachos todas las cornejas.   **semejantes** like, similar
El abogado: Un experto eminente declaró que las cornejas no comen queso.

La corneja: Hay excepción a toda regla.° A mí me gusta muchísimo el queso, toda clase de queso.

regla rule

El abogado: En este plato hay varias clases de queso. Delante de cada clase hay una etiqueta llevando un número. Como Ud. es aficionada al queso, ¿puede Ud. nombrar las varias clases de queso?

La corneja: No sé cómo se llaman. No llamo al queso, me lo como. El gran escritor inglés, Shakespeare, dijo: "Un queso con cualquier nombre tiene buena fragancia."

El abogado: Señorita, sírvase escoger° un pedazo de queso y cómaselo. Dígame por favor, ¿qué clase de queso quiere Ud. tomar?

escoger to choose

La corneja: Tomo la quinta.°

quinta fifth

El abogado: ¿Ud. quiere tomar la quinta clase de queso, queso número cinco?

La corneja: ¡No, no, señor! Hablo del derecho° que me da la constitución de nuestra nación de negarme a decir cualquier cosa que pueda inculparme. Hablo de la quinta enmienda° a la constitución. ¡Tomo la quinta enmienda a la constitución! ¡Tomo la quinta!

derecho right

enmienda amendment

El abogado: Pero... (Aquí se termina el viejo manuscrito.)

I. Conteste en frases completas.
1. ¿Cómo obtuvo la corneja el queso?
2. ¿Por cuánto pagó el queso la corneja?
3. ¿Por qué no puede identificar al muchacho la corneja?
4. ¿Cuál clase de queso le gusta a la corneja?
5. ¿Puede nombrar los quesos la corneja?
6. ¿Qué dijo Shakespeare de queso?
7. ¿Qué clase de queso escoge la corneja?
8. ¿A qué refiere la corneja cuando dice "la quinta"?
9. ¿Qué dice "la quinta"?
10. ¿Cómo termina la leyenda vieja?

II. Escoja una frase que completa la oración.
 1. ¿Por qué no podía la corneja identificar al muchacho? No podía hacerlo porque . . .
    a) le dio el queso por la noche.
    b) a los muchachos parecen iguales todas las cornejas.
    c) a las cornejas todas las personas parecen semejantes.
    d) por que le dio un beso por el queso.
 2. Según un experto, ¿quién no come queso?
    a) una corneja
    b) un zorro
    c) un abogado
    d) un juez
 3. ¿Qué clase de queso le gusta a la corneja?
    a) No le gusta queso.
    b) Le gustan todos los quesos.
    c) Le gusta solamente el olor del queso.
    d) Le gusta solamente el queso que tiene buena fragancia.
 4. ¿Qué quiere decir la corneja cuando dice: "Tomo la quinta"? Quiere decir . . .
    a) que tomará la quinta clase de queso.
    b) que tomará cinco pedazos de queso.
    c) que tiene el derecho de negarse a responder a la pregunta.
    d) que quiere inculparse.
 5. A tu juicio, ¿por qué ganó la corneja el pleito? Lo ganó porque . . .
    a) decía la verdad.
    b) el abogado mentía.
    c) sabía los nombres de los quesos.
    d) era más hábil que el abogado.

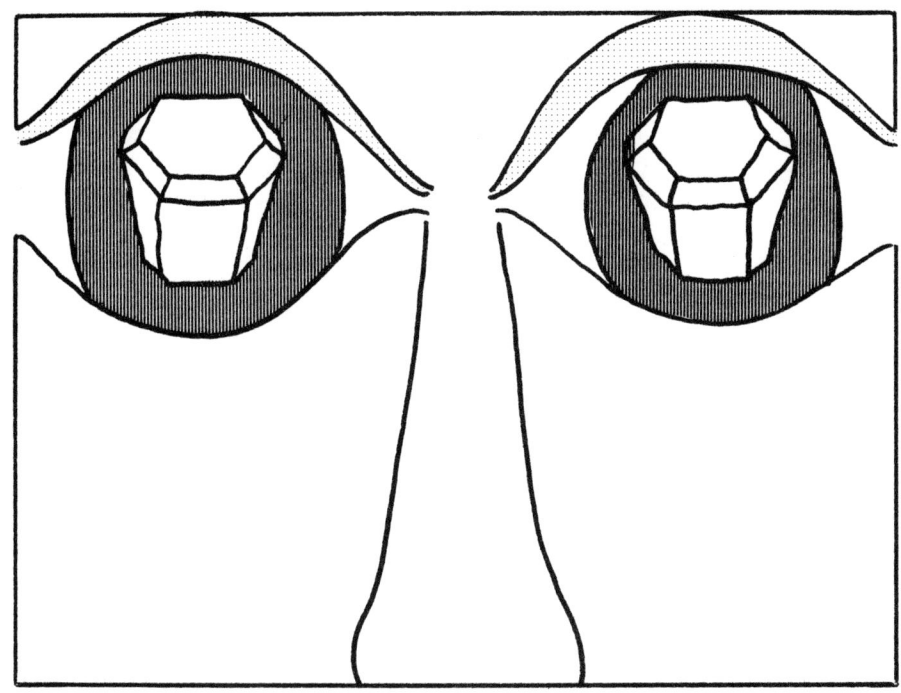

27. Don Panza

Don Panza es, como somos todos los hombres, una mezcla de don Quijote, idealista y de Sancho Panza, materialista. Al mirar a su novia, señorita Dulces, le pasan los pensamientos siguientes:

Don (Quijote): Señorita Dulces, sus ojos brillan° como las estrellas en una noche sin luna. brillan shine
(Sancho) Panza: Rosa, tus ojos brillan como los diamantes que lleva tu madre en un día de fiesta.
Don: Su rica voz me encanta.
Panza: La voz de tu padre rico me encanta.
Don: El perfume de su pelo me inspira con amor divino.

Panza: El perfume de tu cocina me da mucha hambre.
Don: Negros tus ojos,
Con labios rojos,
Una linda flor,
Mi pasión, mi amor.
Panza: Rosa, sé mi esposa.
Don: Por Ud. montaré a Rocinante y saldré para establecer justicia en todas partes del mundo.
Panza: Contigo montaré en el Cadillac de tu padre e iremos al teatro a ver "El hombre de la Mancha."
Don: Panza, mi lanza,°   **lanza** lance, sword
  Ven conmigo a
    Atacar al enemigo.
     Es gigante.
      ¡Adelante!
Panza: Don, Don, no sea mirón.° A Ud. lo digo.   **mirón** busybody
No hay enemigo. ¡Está delirante! ¡No hay gigante sino molino.

I. Conteste en frases completas.
1. ¿Cómo es don Panza?
2. ¿Cómo se llama su novia?
3. ¿Cómo son los ojos de la señorita Dulces?
4. A (Sancho) Panza, ¿cómo son los ojos de su novia?
5. ¿Cuál voz le encanta a Panza?
6. ¿Cuál perfume le encanta a Panza?
7. ¿En qué montará Panza y adónde irán?
8. ¿Qué quiere don Quijote?
9. ¿Quién es el enemigo?
10. ¿Qué es el gigante?

II. Escoja una frase que completa la oración.
1. ¿Por qué se llama este individuo don Panza? Se llama don Panza porque . . .
   a) es materialista.

b) es idealista.
   c) es materialista e idealista.
   d) su novia se llama señorita Dulces.
2. ¿Cuál es el tema de este diálogo?
   a) Trata de los pensamientos de don Panza al mirar a su novia.
   b) Es una conversación entre don Panza y señorita Dulces.
   c) Es un diálogo entre don Quijote y los padres de la señorita Dulces.
   d) Este diálogo muestra que don Quijote es más fuerte que Sancho Panza.
3. ¿Qué piensa don Quijote al mirar los ojos de la señorita Dulces?
   a) Piensa en las estrellas.
   b) Piensa en algo que comer.
   c) Piensa en un amor divino.
   d) Piensa en su pelo.
4. ¿Qué está para hacer don Panza por la señora? Está para . . .
   a) ir al teatro.
   b) montar en un coche.
   c) combatir lo malo.
   d) darle Rocinante.
5. Según don Panza, ¿quién es el enemigo?
   a) el hombre de la Mancha
   b) un gigante
   c) un molino
   d) un mirón

28. Pesadilla

La víspera° del examen final de español me dormí con dificultad recitando palabras en lugar de contar corderos.° Si no saliera bien, no me graduaría de la escuela superior. Por la luz de la luna de repente vi una cara demoníaca° acercándose a mí. Se parecía un poco a mi profesor de español y un poco más al diablo.

—¿Qué quiere Ud.?— pregunté temblando de miedo.

—Soy el Examen— él respondió. —Yo vengo para castigarte.°

—¿Para castigarme?— pregunté incrédulo. —¿Qué he hecho yo de malo?

—Tú te ausentas de la clase frecuentemente. Siempre llegas tarde. Nunca prestas ninguna atención. No estudias nunca. No haces nada. . .

víspera day before

corderos lambs

demoníaca devilish

castigarte to punish you

—No es verdad. He pasado todo el día estudiando. Trabajo más fuerte que un caballo.

—¡Eso es!— dijo. —Debes trabajar como un hombre, no como un caballo.

—He estudiado tanto que puedo repetir mis lecciones hacia atrás.°   hacia atrás backwards

—Debes recitar las lecciones hacia adelante, en el orden correcto— dijo.

En este momento vi en su mano un enorme lápiz con punta roja. Grité del espanto:° —¡De ahora en adelante le prometo a Ud. ser diligente!   espanto fright

—Me haces estas promesas demasiado tarde— dijo.

—Le aseguro que soy buen muchacho. Ayudo a mi madre, a mi santa madre. Por mi mamacita no me haga daño. Se lo imploro, por Dios. . .

La mano se bajaba,° se bajaba. . . . Entonces con rapidez me daba puñaladas° y cada vez que entraba la punta roja en mi cuerpo gritó: se bajaba coming down   puñaladas stabs

—¡Cero, cero, cero!

¡Qué pesadilla!°   pesadilla nightmare

I. Conteste en frases completas.
1. ¿Qué recitaba el alumno por la noche?
2. ¿Por qué tenía que salir bien en el examen de español?
3. ¿Qué apareció en su dormitorio?
4. ¿A quién se pareció?
5. ¿Por qué vino el visitador?
6. ¿Cuándo ha estudiado el alumno?
7. ¿Cómo debe recitar las lecciones el alumno?
8. ¿Qué promete el estudiante?
9. ¿Qué le hizo el visitador al alumno?
10. ¿Qué gritaba el alumno?

II. Escoja una frase que completa la oración.
1. ¿Quién es el protagonista de este cuento?
   a) un estudiante excelente
   b) un profesor de español

c) el diablo
   d) un muchacho perezoso
2. ¿Qué vio de repente?
   a) algunos corderos
   b) unas palabras
   c) a su profesor de español
   d) a alguien que se parecía mucho a Satán
3. ¿Por qué quiere castigarlo el Examen? Quiere castigarlo porque . . .
   a) no hace nada en la clase.
   b) asiste todos los días a la escuela.
   c) llega a tiempo para las clases.
   d) estudia bien.
4. ¿Cómo tiene que estudiar un alumno?
   a) como un caballo
   b) hasta que pueda repetir sus lecciones hacia atrás
   c) con gran diligencia
   d) con los ojos cerrados
5. ¿Cómo lo castigó? Lo castigó dándole puñaladas con . . .
   a) un lápiz.
   b) un cuchillo.
   c) un dedo.
   d) la mano.

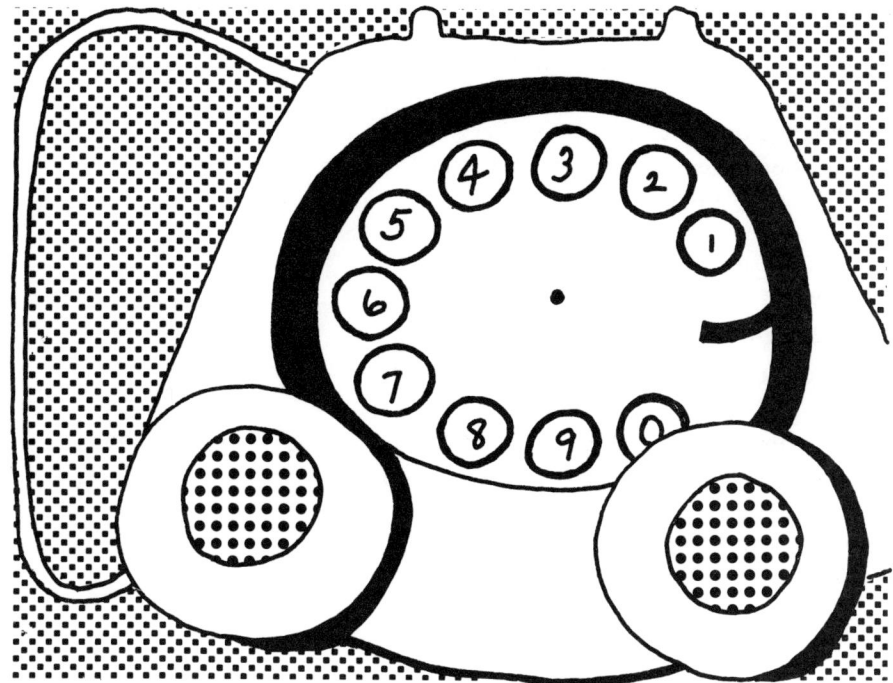

29. El teléfono

En nuestra casa hay dos teléfonos, uno para mi hija y otro para el resto de la familia. La cuenta° del teléfono crece° según crece mi hija. Tiene amigos por todas partes, desde Tierra del Fuego hasta el Río Grande. Si hubiera habitantes en el planeta Marte,° mi hija los llamaría a todos.

cuenta bill
crece grows

Marte Mars

La semana pasada hablaba ella por teléfono y la oí decir: "Te llamaré mañana a la luna." Al oír "la luna" me volví° loco y grité: —Tus llamadas a Santiago ya me cuestan demasiado. Ahora vas a hacer una llamada a la luna. ¿Quieres charlar con los astronautas?

me volví went, became

—¡Papá!— exclamó. —¿Qué dices? Yo no voy a hacer una llamada a la luna. Dije "a la una."

Me calmé un poco pero decidí llamar a la compañía

de teléfonos para desconectar el aparato de su cuarto. Al día siguiente a las ocho de la mañana, llamé a la compañía. Una voz de hombre me dijo:

—Buenos días, ¿en qué puedo servirle?

—Quisiera sacar el teléfono del cuarto de mi hija.

—Lo siento mucho, señor, pero Ud. se equivocó de número. Lo siento.

—¿Está Ud. seguro?— dije yo.

—¡Desde luego!° No tengo teléfono. ¡Desde luego! Certainly

—¡No es posible!— exclamé.

—¿Por qué no me cree, señor?— dijo la voz. —¿Le he mentido a Ud. jamás?

—¡Perdóneme, señor! Estoy muy turbado—° dije yo. turbado upset
—Creo que necesito la ayuda de un psiquiatra.

—¡No importa!— me respondió la voz. —Tuve que levantarme para recibir la llamada. Y antes de colgar° colgar to hang up
el receptor, permítame ofrecer mis servicios. Soy psiquiatra. Puedo darle una cita a la una.

—Le agradezco mucho, doctor— dije. —De acuerdo. Lo llamaré a Ud. mañana, a la luna.

I. Conteste en frases completas.

1. ¿Para quiénes son los dos teléfonos?
2. ¿Por dónde tiene la hija a sus amigos?
3. ¿Por qué se enojó el padre?
4. ¿Qué decidió hacer el padre?
5. ¿De qué se equivocó el padre?
6. ¿Por qué está seguro el hombre de que se equivocó el padre?
7. ¿Cómo está el padre?
8. Según el padre, ¿qué necesita?
9. ¿Quién es el hombre en el teléfono?
10. ¿Cuándo lo llamará el padre?

II. Escoja una frase que completa la oración.

1. ¿Dónde vive este hombre?
   a) en Tierra del Fuego
   b) en Santiago

c) en el planeta Marte
   d) no se sabe
2. ¿Por qué se enojó el señor? Se enojó porque pensaba que su hija iba a telefonear a . . .
   a) Marte.
   b) la luna.
   c) la una.
   d) la compañía de teléfonos.
3. ¿Qué decidió hacer? Decidió . . .
   a) darle otro teléfono a su hija.
   b) sacar el aparato.
   c) desconectar todos los teléfonos.
   d) llamar a la compañía a la una.
4. ¿Qué ocurrió cuando llamó?
   a) Recibió respuestas muy extrañas.
   b) Se le olvidó el número de teléfono de la compañía.
   c) Un señor le dijo que no puede sacar el teléfono, porque no tiene teléfono.
   d) Una voz de hombre prometió desconectar el teléfono.
5. ¿Por qué dice que necesita un psiquiatra? Lo dice porque . . .
   a) está muy confuso.
   b) tuvo que levantarse para recibir la llamada.
   c) tiene una cita con el doctor.
   d) no ha colgado el receptor.

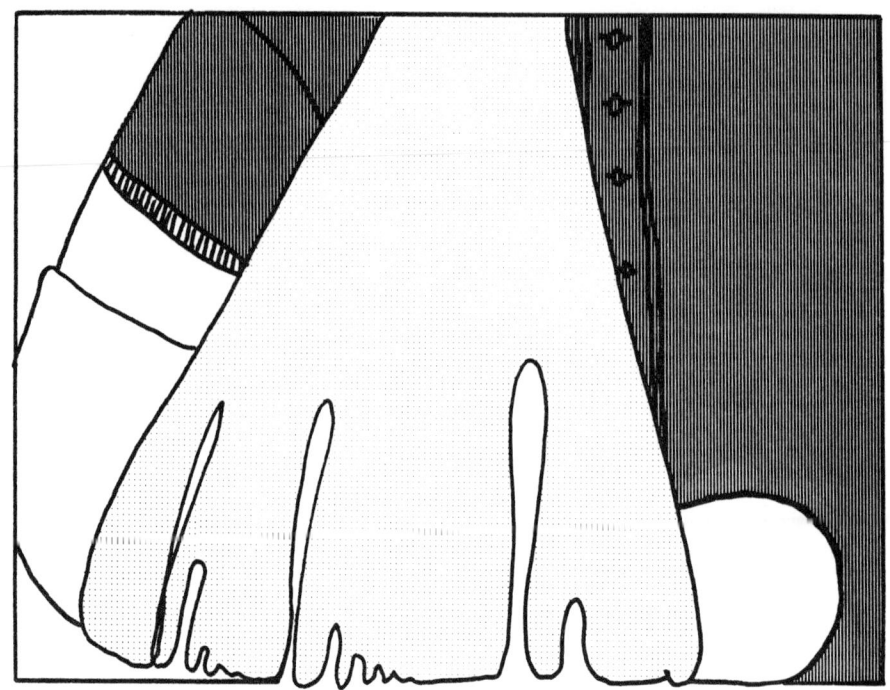

30. Todo un hombre

Querida mamacita,

Hace una semana que estoy en el campo de entrenamiento° del ejército. Todo va muy bien. He recibido el paquete de pasteles que me mandaste y mis compañeros me dijeron que estaban muy sabrosos. La próxima vez, mándame dos cajas° de pasteles porque deseo saborear° un pastel también.

Tenemos un sargento interesante. Es un gigante. Parece un jíbaro° de las montañas pero es muy inteligente y tiene un vocabulario inmenso. Aunque he terminado el sexto grado de la escuela elemental, algunas veces no comprendo lo que me dice. ¿Puedes enviarme° un diccionario porque quisiera aprender a hablar como mi sargento?

entrenamiento training

cajas boxes
saborear to taste

jíbaro peasant

enviarme to send me

El tiene una cara severa pero tiene un buen corazón. Todas las noches entra en el cuartel cuando nos acostamos° y pregunta si queremos que nos arregle bien las cubiertas° para que no tengamos frío durante la noche. Por ser tan bueno con nosotros ya no lloro° mucho antes de dormirme.

nos acostamos go to bed
cubiertas covers
lloro cry

Ayer cuando estábamos terminando una caminata° de veinte kilómetros al ver que ya yo no andaba muy de prisa, se acercó a mí y me preguntó si necesitaba ayuda. Se lo agradecí y le permití ayudarme un poco. Me cogió° el brazo izquierdo con tanta fuerza que me lo rompió accidentalmente.

caminata hike
cogió grabbed

Mamacita, tú tenías razón cuando dijiste que en el ejército yo llegaría a ser° todo un hombre. Ahora sé hacer la cama, limpiar el cuartel, barrer° el suelo, lavar, remendar y planchar ropa, coser botones, pelar papas, lavar la vajilla de mesa y cocinar.

llegaría a ser would become
barrer to sweep

Tu querido hijito,
Pepito

I. Conteste en frases completas.
1. ¿Dónde está Pepito? ¿Por cuánto tiempo?
2. ¿Qué le mandó su madre?
3. ¿Cómo es el sargento?
4. ¿Cómo es el vocabulario del sargento?
5. ¿Qué quiere Pepito que le mande su madre?
6. ¿Qué hace el sargento todas las noches?
7. ¿Qué terminaron ayer los soldados?
8. ¿Cómo se le rompió el brazo?
9. ¿Por qué tiene razón la madre?
10. ¿Qué sabe hacer Pepito?

II. Escoja una frase que completa la oración.
1. ¿Quién escribió esta carta?
    a) un joven soldado
    b) un sargento
    c) una madre
    d) un gigante

2. ¿Por qué desea un diccionario? Lo desea porque quiere . . .
   a) comprender todo lo que dice su sargento.
   b) terminar el sexto grado de la escuela elementaria.
   c) hacerse jíbaro.
   d) es un joven sumamente inteligente.
3. ¿Por qué no llora mucho antes de dormirse? No llora mucho porque . . .
   a) el sargento es muy severo con él.
   b) el sargento le arregla las cubiertas.
   c) tiene miedo al sargento.
   d) recibió muchos pasteles de su madre.
4. ¿Cómo se rompió el brazo? Se lo rompió porque . . .
   a) cayó en el suelo durante la caminata.
   b) dijo al sargento que necesitaba ayuda.
   c) andaba muy de prisa.
   d) se lo agradeció al sargento.
5. ¿Cuál de estas cosas no sabe hacer todavía? No sabe . . .
   a) servirse de una escoba.
   b) limpiar su uniforme.
   c) pelearse con el sargento.
   d) limpiar los platos.

Exercises

1. El enemigo del estado, I

I. Vocabulary Exercises

A. Synonyms

Synonyms are words of similar meaning. Match the following synonyms.

A	B
1. el trabajo	1. grave
2. infeliz	2. el nombre
3. serio	3. el empleo
4. el apodo	4. rehusar
5. rechazar	5. triste

B. Antonyms

Antonyms are words of opposite meaning. Match the following antonyms.

A	B
1. la llegada	1. aceptar
2. rechazar	2. perder
3. salvar	3. el amigo
4. aburrido	4. la salida
5. el enemigo	5. divertido

C. Word Sets

Find the word that does not belong and tell why it does not.

1. frente, piedra, brazo, pierna
2. planchado, amarillo, azul, blanco
3. bebida, jipijapa, café, té
4. sudor, calor, sol, escoge
5. vistieron, desgarraron, rompieron, mataron
6. cabeza, anuncio, sombrero, jipijapa
7. ofrecen, aceptan, toman, prenden
8. entregar, exigir, pedir, querer
9. saltan, andan, corren, rechazan
10. anuncio, estado, periódico, diario

D. Complete the sentences with one of the words listed.

    aburrido piedras en seguida piernas bebida
    escoja planchar salvar

1. No sabía si el médico podría _____ su vida.
2. Este libro es muy _____.
3. Iban a felicitarme _____.
4. Es necesario _____ la ropa después de limpiarla.
5. _____ el mejor sombrero de jipijapa, por favor.
6. El café es una _____ muy sabrosa.
7. Andamos con las _____.
8. Los muchachos desagradables a menudo recogen _____ y las lanzan.

II. Structures

Form sentences using the words in the order given. Refer to the story for the correct structures.

1. Yo/le/agradecer/bebida/sabroso.
2. Yo/tener/cara/cubierto/sangre/sudor.
3. Antes/haber/sombreros/jipijapa/mercado.
4. Ella/vestirse/ropa/planchado/ropa/limpio.
5. Antes/todo/mundo/estar/esperar/me/cantina.
6. ¡Qué/alegre/estar/chicos!
7. Antes/ellos/no/saber/si/él/rechazar/café.
8. Tú/probar/bebida/y/sonreír/todo/mundo.

III. Verb Exercises:
Present tense of *oler, caber* and *valer;* future tense of *caber* and *valer;* preterite tense of *caber;* irregular verbs in the present, future and preterite.

A. Complete the sentences.

    Yo no quepo en la silla.
    Ellas _____.
    Nosotras _____ coche.
    Usted _____.
    Tú _____.

    Jorge vale mucho.
    Tú _____.

Yo _____.
Nosotros _____.
Ustedes _____.

Nosotros olemos las flores.
Yo _____.
El _____.
Ellas _____ comida.
Tú _____.

B. Complete the sentences.

Yo cabré en el coche.
Ricardo _____.
Marcia y Carlota _____.
Tú _____ silla.
Nosotras _____.

Yo valdré lo que me pagan.
El _____.
Ustedes _____.
Tú _____.
Nosotros _____.

C. Complete the sentences.

Yo no cupe de gozo.
Ellas _____.
Tú _____.
Nosotros _____.
Dorotea _____.

D. Change the verbs from the present to the future and preterite tenses.

1. valgo
2. digo
3. vengo
4. pongo
5. traigo
6. salgo
7. oigo
8. caigo
9. hago
10. tengo

E. Change the verbs from the present to the preterite tense.

1. huelo
2. puedo
3. traduzco
4. voy
5. estoy
6. quepo
7. quiero
8. conozco
9. soy
10. he

2. El enemigo del estado, II

I. Vocabulary Exercises

A. Synonyms

Match the words of similar meaning.

A	B
1. tomar	1. arrojar
2. lanzar	2. pensar en
3. único	3. beber
4. soñar con	4. solo
5. ponerse a	5. empezar

B. Antonyms

Match the words of opposite meaning.

A	B
1. sano	1. el espectador
2. el actor	2. la inocencia
3. la culpabilidad	3. desconocido
4. célebre	4. aquél
5. éste	5. loco

C. Word Sets

Find the word which does not belong and tell why it does not.

1. beso, cantina, café, restaurante
2. sírvase, por favor, pulía, hágame el favor de
3. taza, escena, vaso, botella
4. ya lo creo, ¡cómo no!, seguramente, a causa de
5. había visto, oler, escena, espectador
6. cuidado, pueblo, aldea, ciudadano
7. orgullo, beso, novia, amor
8. lupa, loco, peligro, matado
9. lentes, fama, lupa, anteojos
10. ¿Quiere usted que se lo traiga, entregue, dé, diga?

D. Complete the sentences with one of the words listed.

centro   peligroso   soñaba   cantina
locas   rodeada   matrimonio   al aire libre

1. El oficio de espía es muy _____.
2. Ibamos a la _____ para tomar algo.
3. Me gustaría dormir _____.
4. La casa está _____ de árboles.
5. A pesar de que trabajaban mucho, el _____ era muy pobre.
6. _____ con hacer un viaje a España.
7. Iba al _____ para comprarse ropa.
8. Cuando ven gangas, las mujeres se vuelven _____.

II. Structures

Form sentences using the words in the order given. Refer to the story for the correct structures.

1. Frecuentemente/ellos/soñar/visitar/abuelos.
2. Ayer/ustedes/haber/leer/cuentos.
3. A/pesar/yo/trabajar/estudiar/yo/no/tener/éxito/escuela.
4. A ti/te/gustar/sentarse/comer/aire/libre.
5. Todo/días/semana/pasado/usted/estar/rodeado/médicos/abogados.
6. Cuando/yo/tener/sed/yo/ir/cantina/tomar/algo.
7. ¡Hacer/me/usted/favor/cerrar/puerta/ventanas!
8. ¡Hacer/me/usted/favor/traer/me/mismo!
9. Usted/querer/que/él/le/traer/papeles.
10. Si/guardia/no/haber/venir/ellos/me/haber/matar.

III. Verb Exercises: Regular -ar, -er and -ir conditional tense; irregular conditional infinitives.

A. Complete the sentences.

El no sabía si yo compraría el coche.
Ellas _____ tú _____.
Nosotros _____ nosotros _____.

Tú _____ ellas _____.
Yo _____ Pablo _____.

Yo dije que él devolvería el libro.
Ellas _____ yo _____.
Tú _____ nosotros _____.
Nosotros _____ tú _____.
Usted _____ ellas _____.

Tú no sabías si él leería la novela.
Yo _____ nosotros _____.
Usted _____ yo _____.
Nosotros _____ ustedes _____.
Ellas _____ tú _____.

B. Complete the chart using the conditional tense.

	yo	ustedes
poner		
caber		
valer		
venir		
decir		
tener		
hacer		

C. Change the following verbs to the conditional.

1. diré
2. habrá
3. pondrán
4. tendrás
5. cabréis
6. sabrás
7. querrá
8. darás
9. haremos
10. podré
11. valdrá
12. saldrás
13. vendrás
14. tendrán

D. Change the verbs to the future and the conditional.

1. doy
2. ha
6. puedes
7. sabemos

3. salen
4. vende
5. pueden

8. quiero
9. das
10. hacemos

4. El perro que no sabe nadar

I. **Vocabulary Exercises**

A. **Synonyms**

Find words of similar meaning in the story and tell what both mean.

1. afortunado
2. el amo
3. otra vez
4. tener
5. atrapar
6. cuanto antes
7. caminar
8. grande
9. realizar
10. decir

B. **Antonyms**

Find words of opposite meaning in the story and tell what both mean.

1. amanecer
2. la virtud
3. saludar
4. modesto
5. el ruido
6. viejo
7. dudar
8. debajo de
9. la lágrima
10. chistoso

C. **Word Sets**

Find the word that does not belong and tell why it does not.

1. dueño, ganadero, amo, propietario
2. avisar, cazar, apuntar, tirar
3. labio, alabanza, boca, cara
4. largo, río, océano, lago
5. socarrona, regalo, fiesta, cumpleaños
6. volar, merecer, aire, pájaro
7. se mueve los labios, avisa, dice, merece

D. Complete the sentences with one of the words listed.

sobre todo   lo más pronto   poco   alabanzas
goza   acababa   de nuevo   el sol

1. Si no tienes éxito la primera vez, debes tratar de hacerlo _____.
2. Haré mi tarea _____ posible.
3. Vamos a ver si mereces _____.

4. Se despidió de sus amigos al ponerse _____.
5. _____ de llegar al borde del lago cuando empezó a llover.
6. Este médico _____ de gran fama y por eso es muy orgulloso.
7. Me gusta _____ dar un paseo por la mañana.
8. Dentro de _____ lo veré sin que me vea.

II. Structures

Form sentences using the words in the order given. Refer to the story for the correct structures.

1. El/gozar/vida/y/caza/con/su/perros/nuevo.
2. Nosotros/acabar/recibir/escopeta/regalo/ocasión/aniversario. (Imperfect)
3. Nosotros/ir/ver/lo que/él/hacer/mañana.
4. Tú/tener/esperar/borde/lago. (Imperfect)
5. Dentro/poco/ellos/hacer/tarea/dar/su/amigas.
6. Ayer/ponerse/sol/seis/noche.
7. ¿Qué/a ti/parece/mi/gatitos?
8. Semana/próximo/no/haber/ninguno/duda.

III. Verb Exercises: Imperfect and conditional tenses compared.

A. Change the verbs to the conditional tense.

1. hablaba
2. pensábamos
3. yo comía
4. vivíamos
5. yo me sentaba
6. pasaba
7. llegaban
8. dividías
9. bebían
10. ella aprendía

B. Change the verbs to the conditional tense.

1. yo era
2. él iba
3. veíamos
4. venían
5. ibas
6. veías
7. eran
8. íbamos
9. éramos
10. él veía

C. Change the verbs to the imperfect tense.
1. habría
2. diría
3. haría
4. pondríamos
5. saldrían
6. podrían
7. vendrían
8. tendría
9. darías
10. yo sabría

D. Complete the chart.

	Imperfect	Future	Conditional
ser-yo			
ver-tú			
ir-ella			
decir-ustedes			
dar-nosotros			
hacer-yo			
haber-tú			
poner-usted			
saber-nosotros			
valer-ellos			

6. ¿A quién crees?

I. Vocabulary Exercises

A. Synonyms
Find words of similar meaning in the story and tell what both mean.

1. enojado
2. no hay duda
3. frecuentemente
4. quebrado
5. el pueblo
6. dieciséis onzas
7. lo más pronto posible
8. por eso
9. al mismo tiempo
10. ser preciso

B. Antonyms
Find words of opposite meaning in the story and tell what both mean.

1. la reina
2. la verdad
3. la certidumbre
4. alegre
5. algo
6. raramente
7. pedir
8. con mucho gusto
9. el cuchillo
10. arreglado

C. Word Sets
Find the word that does not belong and tell why it does not.

1. hacha, cuchara, cuchillo, tenedor
2. cobre, caña, acero, hierro
3. montar, sepa, rebuznar, burro
4. olla, sartén, plata, plato
5. pala, tierra, cubo, harina
6. pimienta, azúcar, clavo, harina
7. libro, docena, milla, libra
8. caña de pescar, pescado, pez, rebuzno

D. Complete the sentences with one of the words listed.

cuchara   cuanto antes   frecuencia   hacha de acero
cuchillo   digas   Día de los Reyes

1. Si no quieres enojarme, préstame su caña de pescar _____.
2. Cuando me _____ la verdad, no tardaré en devolver el burro.

3. Necesitamos un _____ para cortar la carne.
4. Te daré una _____ para la sopa.
5. Corto el árbol con una _____.
6. Recibiremos regalos el _____.
7. Iba al cine con _____.

II. Structures

Form sentences using the words in the order given. Refer to the story for the correct structures.

1. Señora/venir/pedir/prestado/olla/sartén. (Imperfect)
2. Ayer/yo/le/prestar/libra/azúcar/docena/cebollas.
3. Yo/no/poder/trabajar/divertirse/a/vez.
4. Ellas/tardar/devolver/cosas/dueños. (Imperfect)
5. Ayer/yo/tomar/prestado/olla/acero.
6. Ser/que/tú/quedarse/casa/yo/irse/cuanto antes.

III. Verb Exercises: Past perfect tense.

A. Complete the sentences.

Yo dije que yo había llegado tarde.
El _____ tú _____.
Usted _____ nosotros _____.
Nosotros _____ usted _____.
Tú _____ ellas _____.

Yo había vendido la casa.
Ustedes _____.
Mi familia y yo _____.
Tú _____ coche.
Jorge _____.

Marcia había dividido los dulces.
Yo _____.
Nosotros _____ tarea.
Tú _____.
Ustedes _____.

B. Change the verbs to the past perfect tense.

1. yo era
6. jugábamos

2. queríamos
3. él daba
4. él perdía
5. llegaban
7. usted estaba
8. ibas
9. andabas
10. yo comía

C. Change the verbs to the past perfect tense.
1. he tomado
2. hemos tomado
3. has tomado
4. han tomado
5. ha tomado

D. Change the verbs to the past perfect tense.
1. leíamos
2. hacía
3. abría
4. caías
5. cubría
6. ponías
7. descubrían
8. rompían
9. traía
10. oía
11. decías
12. creíamos
13. veíamos
14. moría
15. ella volvía
16. escribíamos

E. Complete the chart.

	Present Perfect	Past Perfect	Imperfect
hacer-yo			
decir-él			
ver-nosotros			
romper-tú			
volver-ellos			
poner-yo			
escribir-María			
morir-nosotros			
descubrir-usted			
abrir-tú			
oír-yo			
ir-ustedes			
ser-ella			
leer-nosotros			
caer-tú			

7. Psicología de los jóvenes

I. Vocabulary Exercises

A. Synonyms

Find words of similar meaning in the story and tell what both mean.

1. la sirvienta
2. hace una semana
3. el español
4. quebrar
5. acordarse
6. el riesgo
7. entender
8. muy
9. lanzar
10. el aviso

B. Antonyms

Find words of opposite meaning in the story and tell what both mean.

1. alabar
2. la amargura
3. desobedecer
4. poder oír
5. la mentira
6. poder ver
7. en el pasado
8. olvidar
9. poder hablar
10. la mano

C. Word Sets

Find the word that does not belong and tell why it does not.

1. camisa, camino, corbata, calcetín
2. arena, gancho, colgar, vestidos
3. sordo, mudo, abrazo, ciego
4. dedo, cuidado, brazo, cuello
5. tropezar, romper, sangre, alfombra
6. prestar atención, obedecer, obra, órdenes
7. consejo, alfombra, pies, suelo
8. no se preocupe Ud., cálmese, no tenga miedo, venga conmigo
9. accidente, órdenes, sangre, médico
10. recordando, acordándose, sabiendo, olvidando

D. Complete the sentences with one of the words listed.

ganchos   mudos   hoy día   tropezado
sordos   calcetines   ciego   alfombra

1. Los _____ no pueden oír.
2. Los _____ no pueden hablar.
3. El perro había ayudado al _____.
4. Nos ponemos los _____ antes de ponernos los zapatos.
5. Una _____ lujosa cubría el suelo.
6. Tenía las piernas cubiertas de sangre porque había _____ con una piedra.
7. Tendremos que colgar la ropa en los _____.
8. _____ los hijos no obedecen a sus padres.

II. Structures

Form sentences using the words in the order given. Refer to the story for the correct structures.

1. Hoy/día/todo/costar/mucho.
2. En/cuanto/su/hijos,/no/les/comprar/sombreros.
3. A/su/pies/haber/libro/cuchillo. (Imperfect)
4. ¡Cuidar/tú!/Tú/poder/romper/cuello/pierna.
5. Si/tú/querer/que/yo/recoger/ropa,/¿por qué/tú/no/lo/decir/a mí?
6. Yo/leer/novela/hacer/ocho/día.
7. Yo/no/olvidar/su/apodos. (Conditional)

III. Verb Exercises: Review of compound tenses.

A. Complete the sentences.

Yo he comprado los libros.
Ella _____.
Nosotros _____ flores.
Tú _____.
Ustedes _____.

Tú habías leído el cuento.
Nosotros _____.
Yo _____ poemas.
Raquel _____.

Pablo y Juan _____ ensayo.

María habrá vivido cien años.
Yo _____.
Ellas _____ cincuenta _____.
Tú _____.
Nosotros _____ dieciséis _____.

Nosotros habríamos venido a la fiesta.
Leonardo _____.
Yo _____.
Ustedes _____.
Tú _____ biblioteca.

B. Complete the chart using the perfect tenses indicated.

	Present	Past	Future	Conditional
hacer-tú				
decir-yo				
ver-nosotros				
romper-él				
volver-ellos				
poner-yo				
morir-usted				
escribir-ustedes				
descubrir-tú				
abrir-nosotros				
oír-María				
ser-yo				
cubrir-ella				
caer-ellas				
traer-nosotros				

C. Complete the sentences.

Ella está comprando la torta.
Yo _____.
Nosotros _____ discos.
Ustedes _____.
Tú _____ novela.

El estaba bebiendo el vino.
Yo _____.
Mi familia y yo _____ leche.
Tú _____.
Ellas _____ cerveza.

María estará viviendo allí.
Nosotros _____.
Tú _____ aquí.
Ustedes _____.
Yo _____.

Nosotras estaríamos leyendo la revista.
David _____.
Yo _____ cuento.
Tú _____.
Los padres _____ poema.

D. Complete the chart using the progressive tenses indicated.

	Present	Imperfect	Future	Conditional
pedir-ellos				
leer-tú				
caer-yo				
morir-él				
despedirse-tú				
creer-nosotros				
sentir-yo				
decir-ustedes				
traer-nosotros				
oír-ella				
poder-tú				
servir-Juan				
venir-yo				
irse-usted				
mentir-nosotros				

12. El peligro del plagio

I. Vocabulary Exercises

A. Synonyms

Find words of similar meaning in the story and tell what both mean.

1. la idea
2. tonto
3. la frase
4. torpe
5. el enojo
6. llamar
7. el alumno
8. individuo grandísimo
9. flojo
10. prontamente

B. Antonyms

Find words of opposite meaning in the story and tell what both mean.

1. el perdedor
2. al principio
3. peor
4. impaciente
5. la fuerza
6. la dulzura
7. premiar
8. último
9. la facilidad
10. desagradable

C. Word Sets

Find the word that does not belong and tell why it does not.

1. inepto, plata, oro, plomo
2. libro, rasgo, lectura, bibliotecaria
3. víctima, misericordia, ¡qué lástima!, oración corriente
4. propia, la mía, que me pertenece a mí, tempestad
5. publicar, componer, titular, rasgar
6. cólera, debilidad, víctima, desmayarse
7. gigante, grande, inmensa, aún
8. criticar, corregir, caminar, castigar

D. Complete the sentences with one of the words listed.

rasgaba   desmayó   lectura   vergüenza
Premio Nobel   plomo   lástima   bibliotecaria

1. El que miente no tiene _____.
2. El oro y la plata valen más que el _____.

3. Usted no sabe escribir un ensayo. ¡ Qué _____ !
4. La víctima se _____ por debilidad.
5. Si buscas un libro, tienes que pedírselo a la _____.
6. El mirón se _____ la cabeza cuando el profesor le hacía preguntas.
7. Los grandes escritores a veces ganarán el _____.
8. Si usted se interesa en la _____, vaya a la biblioteca.

II. Structures

Form sentences using the words in the order given. Refer to the story for the correct structures.

1. Ellos/estar/punto/desmayarse/vergüenza (Imperfect)
2. Ayer/Ramona/mandar/a él/escribir/composición/francés.
3. A ti/no/gustar/componer/poemas.
4. ¡Qué/lástima/que/niños/no/poder/jugar!
5. Este/novela/tratar/burro/hombre.
6. Yo/divertirse/en lugar/trabajar.
7. Nosotros/rasgarse/cabeza/en busca/idea/brillante. (Imperfect)
8. Anoche/tú/dirigirse/agente/policía.

III. Verb Exercises: Present subjunctive of regular -ar, -er and -ir infinitives; irregular present subjunctive verbs.

A. Complete the sentences.

El quiere que yo hable.
Usted _____ él _____.
Nosotros _____ tú _____.
Ellas _____ nosotros _____.
Tú _____ ellos _____.

Nosotros deseamos que yo beba.
Tú _____ nosotros _____.
Yo _____ Ramón _____.

Ustedes _____ ellas _____.
Juan _____ tú _____.

Tú pides que él escriba.
Usted _____ yo _____.
Yo _____ tú _____.
Nosotros _____ Juan y Pablo _____.
Ustedes _____ nosotros _____.

B. Change the verbs to the present subjunctive.

1. hablamos
2. vives
3. piensan
4. dormimos
5. escojo
6. bebo
7. entiende
8. paseas
9. llego
10. pedís

C. Complete the chart using the present indicative and subjunctive in the first person singular.

	Indicative	Subjunctive
caber	_____	_____
saber	_____	_____
ir	_____	_____
haber	_____	_____
poder	_____	_____
conocer	_____	_____
traducir	_____	_____
ver	_____	_____
ser	_____	_____
dar	_____	_____
venir	_____	_____
caer	_____	_____
salir	_____	_____
hacer	_____	_____
valer	_____	_____
oír	_____	_____
tener	_____	_____
poner	_____	_____

D. Complete the sentences in column A with the segments from column B.

A	B
1. Es posible que yo	1. seamos ricos.
2. El no cree que tú	2. me vaya.
3. No es verdad que él	3. no puedan acompañarnos.
4. Me alegro de que nosotros	4. tengas hambre.
5. Es una lástima que ellos	5. venga mañana.

13. En el mismo barco

I. **Vocabulary Exercises**

  A. **Synonyms**

  Find words of similar meaning in the story and tell what both mean.
  1. el barco
  2. el lugar
  3. ir a través de
  4. el pueblo
  5. terminar
  6. la comida
  7. jamás
  8. el medio
  9. sabio
  10. enojarse

  B. **Antonyms**

  Find words of opposite meaning in the story and tell what both mean.
  1. hallado
  2. el individuo
  3. estrecho
  4. el fracaso
  5. terminar
  6. avanzado
  7. la civilización
  8. la contestación
  9. la valentía
  10. la calma

  C. **Word Sets**

  Find the word that does not belong and tell why it does not.
  1. tempestad, relámpagos, trueno, cántaros
  2. viento, soplaba, olla, ola
  3. piraña, tronco, pez, caimán
  4. mitad, tribu, salvaje, indio
  5. una parte, un cuarto, la mitad, el viento
  6. nubes, llover a cántaros, mojado hasta los huesos, atravesar
  7. ancha, bomba, estalló, explosión
  8. ola, pueblo, gente, persona
  9. sonaba, soñaba, hacía ruido, gritaba
  10. espaldas, brazos, huesos, piernas
  11. remar, canoa, nube, barco
  12. cantar, cántaro, botella, vaso

D. Complete the sentences with one of the words listed.

enfade   piraña   caimanes   huesos   remar
nubes   cántaros   atraviese

1. Es verdad que la _____ es un pez que ataca a los seres humanos.
2. Tengo miedo de que usted _____ el río mientras que sopla el viento.
3. No es verdad que yo me _____.
4. Durante una tempestad el cielo se cubre de _____.
5. Es posible que no pueda _____ la canoa a causa de las olas.
6. Siento que usted esté mojado hasta los _____.
7. Hay relámpagos y llueve a _____.
8. No quiero que usted sirva de alimento para los _____.

II. Structures

Form sentences using the words in the order given. Refer to the story for the correct structures.

1. Mientras/indio/remar/joven/burlarse/él.
2. Ella/no/haber/ir/nunca/aquel/aldea.
3. Tú/querer/mostrar/lo/fuerte/que/ser. (Imperfect)
4. Nosotros/estar/servir/criado/pueblo.
5. En/momento/canoa/dar/con/tronco/árbol.
6. Joven/temblar/miedo. (Imperfect)
7. Yo/no/saber/que/querer/decir/este/frase.
8. Mientras/tanto/tempestad/estallar.
9. Si/joven/ser/inteligente/él/no/hablar/este/manera.
10. Ellos/tener/miedo/que/ellos/ser/más/inteligente/que/usted.

III. Verb Exercises: Imperative of regular and irregular verbs, affirmative and negative.

A. Follow the model.

    Model: hablar ¡habla tú! ¡hable usted! ¡hablen ustedes!
               comer ¡come tú! ¡coma usted! ¡coman ustedes!
               escribir ¡escribe tú! ¡escriba usted! ¡escriban ustedes!

    pasar   _____   _____   _____
    dividir   _____   _____   _____
    beber   _____   _____   _____
    andar   _____   _____   _____
    leer   _____   _____   _____

B. Follow the model.

    Model: oír   oigo   ¡oye tú!   ¡oiga usted!   ¡oigan ustedes!

1. leer
2. andar
3. creer
4. pensar
5. dormir
6. jugar
7. abrir
8. cubrir
9. volver
10. perder
11. pedir
12. acostarse

C. Give the familiar affirmative (tú) command for the infinitives listed and use them in an original sentence.

1. ser
2. dar
3. salir
4. ver
5. tener
6. estar
7. poner
8. decir
9. hacer
10. venir

D. Follow the model.

    Model: hablar   ¡habla tú!   ¡no hables tú!
               comer   ¡come tú!   ¡no comas tú!
               vivir   ¡vive tú!   ¡no vivas tú!
               salir   ¡sal tú!   ¡no salgas tú!

1. escribir
2. tener
6. leer
7. creer

3. traer
4. oír
5. dar
8. abrir
9. poner
10. hacer

E. Follow the model.

Model:
hablar	¡hable Ud.!	¡no hable Ud.!	¡no hablen Uds.!
comer	¡coma Ud.!	¡no coma Ud.!	¡no coman Uds.!
dividir	¡divida Ud.!	¡no divida Ud.!	¡no dividan Uds.!
salir	¡salga Ud.!	¡no salga Ud.!	¡no salgan Uds.!

1. beber
2. poner
3. dar
4. tener
5. escribir
6. creer
7. oír
8. hacer
9. abrir
10. traer

F. Change the affirmative commands to the negative.

1. habla tú
2. come tú
3. escribe tú
4. sé tú
5. pon tú
6. sal tú
7. di tú
8. ve tú
9. vaya Ud.
10. piensa tú
11. escriban Uds.
12. duerme tú
13. siéntate tú
14. siéntese Ud.
15. juega tú
16. ten tú
17. vuelve tú
18. rompe tú
19. pierde tú
20. cree tú

G. Change the negative commands to the affirmative.

1. no duermas tú
2. no veas tú
3. no hagas tú
4. no diga Ud.
5. no te sientes tú
6. no sea Ud.
7. no vengan Uds.
8. no salgas tú
9. no seas tú
10. no se acueste Ud.

14. El Quijote

I. Vocabulary Exercises

A. Synonyms

Find words of similar meaning in the story and tell what both mean.

1. listo
2. hábil
3. guapo
4. la flota
5. el caballero
6. delgado
7. alimentos
8. la lucha
9. héroe
10. pelear

B. Antonyms

Find words of opposite meaning in the story and tell what both mean.

1. el odio
2. la muerte
3. alto
4. ganar
5. hermoso
6. el amo
7. gordo
8. aéreo
9. tímido
10. el materialista

C. Word Sets

Find the word that does not belong and tell why it does not.

1. buque, amado, tripulación, armada
2. batalla, novela, cuento, drama
3. rey, su Majestad, aventura, reina
4. agente proveedor, víveres, tripulación, herido
5. flaca, espada, escopeta, revólver
6. hermosa, linda, digna, bella
7. adelante, a la derecha, a la vez, a la izquerida
8. apodo, hidalgo, idealista, caballero
9. amado, encanto, querido, deseado
10. estoy dispuesto, estoy listo, estoy para, estoy herido
11. batalla, montado, herido, manco
12. versión, heroína, héroe, protagonista

D. Complete the sentences with one of the words listed.

como   apodo   hidalgo   espada   vida

víveres   gana   es decir

1. Si usted fuera _____, Ud. combatiría lo malo.
2. Yo habría matado al enemigo si hubiera tenido una buena _____.
3. Me gusta tanto su inteligencia _____ su belleza.
4. Si quisiera hacerlo, lo haría de buena _____.
5. Si no estuviera herido, no tendría el _____ de "el manco de Lepanto."
6. Sentía que la tripulación no tuviese _____.
7. Parecía que no supiese nada, _____ que era estúpido.
8. Nadie creyó que llevara una _____ honrada.

II. Structures

Form sentences using the words in the order given. Refer to the story for the correct structures.

1. Don Quijote/combatir/todo/malo/mundo.
2. Ella/ser/mujer/sin/encanto;/ser/decir/que/ella/ser/feo.
3. Sancho/ir/acompañado/ de /soldados/ejército.
4. Novela/describir/tanto/aventuras/cómico/como/aventuras/peligroso.
5. Ellos/preguntar/a él/si/sentir/haber/perdir/brazo.
6. Si/tú/querer/que/yo/ir/mercado,/¿ por qué/tú/no/decir/a mí?
7. Ramón/llamar/puerta/sin/decir/ni/palabra.
8. Ustedes/querer/que/él/traer/discos/fiesta.

III. Verb Exercises: Imperfect subjunctive (-se form) of -ar, -er and -ir infinitives.

A. Complete the sentences.

El quiso que yo entrase en la casa.

Tú _____ él _____.
Nosotros _____ ustedes _____.
Yo _____ tú _____.
Ellas _____ ellos _____.

El quiso que él bebiese la leche.

Nosotros _____ ustedes _____.
Yo _____ tú _____.
Ustedes _____ yo _____.
Tú _____ nosotros _____.

B. Change the verbs to the imperfect subjunctive using the -*se* form.

1. escribieron
2. lavaron
3. bebieron
4. se sentaron
5. pasearon
6. pensaron
7. empezaron
8. trabajaron
9. oyeron
10. condujeron

C. Complete the chart using the tenses indicated.

	preterite	present subj.	imperfect subj.
dar-yo	_____	_____	_____
ser-tú	_____	_____	_____
andar-él	_____	_____	_____
estar-ella	_____	_____	_____
tener-usted	_____	_____	_____
haber-nosotros	_____	_____	_____
hacer-ellos	_____	_____	_____
querer-ellas	_____	_____	_____
decir-ustedes	_____	_____	_____
creer-yo	_____	_____	_____
traducir-tú	_____	_____	_____
conducir-él	_____	_____	_____
traer-ella	_____	_____	_____
venir-usted	_____	_____	_____
pedir-nosotros	_____	_____	_____
caber-ellos	_____	_____	_____
saber-ellas	_____	_____	_____
poner-ustedes	_____	_____	_____
poder-yo	_____	_____	_____
dormir-él	_____	_____	_____

D. Complete the sentences in column A with the correct segment from column B.

A	B
1. Yo no creía que tú	1. hiciesen la tarea.
2. El se alegró de que nosotros	2. te fueses.
	3. no se pusiese enfermo.
3. El maestro quería que ellos	4. pudiésemos acompañarlo.
4. No era posible que yo	
5. Deseaba que usted	5. me engañase.

15. El hombre más desafortunado del mundo

I. Vocabulary Exercises

A. Synonyms
Find words of similar meaning in the story and tell what both mean.
1. lavado
2. comer
3. sobrepasar
4. manejar
5. terminar
6. el automóvil
7. el fuego
8. dar
9. la marida
10. inepto

B. Antonyms
Find words of opposite meaning in the story and tell what both mean.
1. prohibido
2. la desdicha
3. ensuciar
4. adelantar
5. caminar
6. inflado
7. el importador
8. caliente
9. recordar
10. el otoño

C. Word Sets
Find the word that does not belong and tell why it does not.
1. creer, sembrar, cultivar, crecer
2. césped, incendio, hierba, semilla
3. motocicleta, bicicleta, caro, coche
4. negocio, llanta, oficina, comerciante
5. pena, pulsera, mano, brazo
6. policía, citación, buque, cargo
7. primavera, verano, primera, invierno
8. reloj, citación, atrasar, adelantar
9. llamada, guía telefónica, telefonear, entregar
10. salsa, cargo, carne, pescado
11. dirección única, incendio, llama, bombero
12. buena suerte, cita, salvar, vivo
13. semilla, prima de seguro, incendio, vida
14. llanta desinflada, fuego, coche, aire

D. Complete the sentences with one of the words listed.

    única   salsa   incendio   pena
    suerte   semillas   citación   llanta

1. Es imposible que usted conduzca con una _____ desinflada.
2. No me gusta carne asada sin _____.
3. Si hubiera sembrado _____, habría tenido un buen césped.
4. Si conduces demasiado de prisa, recibirás una _____.
5. Me dijo que no entrase en la calle de dirección _____.
6. Tuve la mala _____ de perder mi reloj de pulsera
7. Creyó que no valdría la _____ de pagar el prima de seguro.
8. ¡No me detenga, por favor, yo voy a un _____!

II. Structures

Form sentences using the words in the order given. Refer to the story for the correct structures.

1. El/vivir/casa/privado. (Imperfect)
2. Aunque/él/llevar/vida/honrado/siempre/tener/malo/suerte.
3. Claro/ser/que/él/ser/hombre/más/desafortunado/mundo.
4. No/ser/claro/que/mozo/dejar/caer/salsa/sobre/él.
5. Ayer/nosotros/acabar/lavar/coche/y/empezar/llover.
6. Mozo/tener/cita/anoche/con/juez.
7. María/llegar/tarde/casa/a causa de /tempestad/que/haber/estallar.
8. Anoche/Ricardo/ponerse/escribir/a mí/citación/por/haber/exceder/velocidad.
9. Antes/no/valer/pena/haber/comprar/coche.
10. Yo/no/querer/que/usted/conducir/camión. (Imperfect)

III. **Verb Exercises:** Imperfect subjunctive (-*ra* form) of -*ar,* -*er,* and -*ir* verbs.

   A. Complete the sentences.

   Si yo estudiara más, yo aprendería más.
   _____ ellos _____, ellos _____.
   _____ nosotros _____, nosotros _____.
   _____ él _____, él _____.
   _____ tú _____, tú _____.

   El engordaría si él comiera los dulces.
   Yo _____ yo _____.
   Nosotros _____ nosotros _____.
   Tú _____ tú _____.
   Ellas _____ ellas _____.

   Me quedaría si yo viviera allí.
   El _____ él _____.
   Mis padres _____ ellos _____.
   Nosotros _____ nosotros _____.
   Tú _____ tú _____.

   Si tú fueras rico, viajarías mucho.
   _____ yo _____, yo _____.
   _____ David _____, él _____.
   _____ nosotros _____, nosotros _____.
   _____ ellos _____, ellos _____.

   B. Change the verbs to the imperfect subjunctive, -*ra* form.

   1. hicieron
   2. hubieron
   3. supieron
   4. anduvieron
   5. pidieron
   6. estuvieron
   7. pudieron
   8. fueron
   9. durmieron
   10. pensaron

C. Complete the sentences in column A with the correct segment from column B.

A	B
1. Si yo fuera rico,	1. lo harías.
2. Si tú quisieras hacerlo,	2. no podríamos hablarle.
3. Si él tuviera hambre,	3. te darían golpes.
4. Si nosotros le creyéramos,	4. comería.
5. Si ellos se pusieran enojados,	5. compraría esta casa.

A	B
1. Si yo supiera la respuesta,	1. me vería.
2. Si tú hicieras la tarea,	2. sería muy inteligente.
3. Si usted viniera a mi casa,	3. tendrían vergüenza.
4. Si nosotros estuviéramos aquí,	4. recibirías buenas notas.
5. Si ustedes dijeran una mentira,	5. lo habríamos visto.

16. La corrida de toros

I. Vocabulary Exercises

A. Synonyms
Find words of similar meaning in the story and tell what both mean.

1. el médico
2. desear
3. la copa
4. generalmente
5. quizás
6. burlarse de
7. la silla
8. el cortejo
9. caliente
10. gozar de

B. Antonyms
Find words of opposite meaning in the story and tell what both mean.

1. frío
2. la vaca
3. separado
4. temprano
5. el sol
6. fácil
7. mentiroso
8. fracasar
9. detener
10. detrás de

C. Word Sets
Find the word that does not belong and tell why it does not.

1. aguardiente, vino, leche, cerveza
2. corrida, plaza de toros, reunión, toreador
3. cazador, capeador, picador, matador
4. cirujano, enfermera, bandillero, médico
5. sol, solo, sombra, sol y sombra
6. caluroso, caliente, color, calor
7. cabeza, cuerpo, cola, Coca-Cola
8. vaso, plaza de toros, taquilla, billete
9. sol, calor, sal, luz
10. vaso, plata, botella, taza
11. célebre, cerveza, famoso, conocido
12. hacía cola, corrida de toros, juego de futbol, pelota vasca

D. Complete the sentences with one of the words listed.
cola   taquilla   calurosa   aprovecharnos

cerveza   plaza   aficionado   matador

1. Para obtener billetes, debemos dirigirnos a la _____.
2. Para asistir a una corrida de toros, vamos a una _____ de toros.
3. Había mucha gente que hacía _____ para entrar en el cine.
4. El verdadero _____ al juego de futbol no quita la televisión los sábados y los domingos.
5. Debemos _____ de las oportunidades que nos ofrece la escuela.
6. La cuadrilla de toreros consiste en capeadores, picadores, bandilleros y el _____
7. Por lo general, los nenes prefieren una botella de leche a un vaso de _____.
8. Por una tarde _____ nosotros los españoles dormimos la siesta.

II. Structures

Form sentences using the words in the order given. Refer to the story for the correct structures.

1. Si/joven/estar/enojado/no/hablar/este/manera.
2. Si/guardias/no/haber/leer/carta/me/haber/matar.
3. Tú/haber/oír/hablar/cirujano/famoso.
4. Por/eso/hacer/cola/delante/taquilla.
5. Nosotros/ser/grande/aficionado/boxeo.
6. De/este/manera/yo/aprovecharse/museo.
7. Por/general/ellas/tomar/vaso/cerveza.
8. Nosotros/español/llegar/tiempo.
9. Toreros/acabar/ponerse/marcha.
10. Si/policía/no/haber/volver/pronto/ellos/haber/matar/a él.

III. Verb Exercises: Compound tenses in the subjunctive, the perfects and progressives.

A. Complete the sentences.

Es lástima que él haya perdido el perro.
_____ nosotros _____ .
_____ tú _____ .
_____ yo _____
_____ ellas _____ .

Es dudoso que María haya llegado.
_____ ustedes _____ .
_____ yo _____ .
_____ tú _____ .
_____ nosotros _____ .

Es mejor que tú hayas estudiado demasiado.
_____ yo _____ .
_____ ellos _____ .
_____ nosotros _____ .
_____ Juana _____ .

B. Complete the sentences.

No era verdad que Juan hubiera roto el vaso.
_____ yo _____ .
_____ nosotras _____ .
_____ ustedes _____ .
_____ tú _____ .

Era dudoso que yo hubiera salido bien en el examen.
_____ mi hermano _____ .
_____ nosotros _____ .
_____ tú _____ .
_____ Carlota y Dorotea _____ .

Era lástima que tú hubieras llegado tarde.
_____ María _____ .
_____ mi familia y yo _____ .
_____ yo _____ .
_____ los niños _____ .

C. Complete the sentences.

Yo vendré aunque ella esté cantando.
Ella _____ tú _____.
Nosotros _____ ellos _____.
Ustedes _____ yo _____.
Tú _____ nosotros _____.

Es dudoso que Leonardo esté estudiando.
_____ los chicos _____.
_____ yo _____.
_____ tú _____.
_____ nosotras _____.

Es lástima que él esté sufriendo.
_____ ustedes _____.
_____ yo _____.
_____ nosotros _____.
_____ tú _____.

D. Complete the sentences.

El respira como si él estuviera corriendo.
Yo _____ yo _____.
Nosotros _____ nosotros _____.
Ellos _____ ellos _____.
Tú _____ tú _____.

Era dudoso que Carlota estuviera hablando.
_____ yo _____.
_____ nosotras _____.
_____ ustedes _____.
_____ tú _____.

Era lástima que ellos estuvieran saliendo.
_____ María _____.
_____ yo _____.
_____ tú _____.
_____ nosotras _____.

E. Complete the sentences in column A with the correct segment from column B.

A	B
1. No es verdad que él	1. hayamos olvidado su nombre.
2. Me alegro de que tú	2. haya salido conmigo.
3. No creo que ella	3. hayas venido.
4. Es posible que nosotros	4. hayan muerto.
5. Dudo que ellos	5. lo haya sabido.

A	B
1. Si yo hubiera sabido la respuesta,	1. habrían dicho la verdad.
2. Si tú hubieras hecho la tarea,	2. habríamos visto todo.
3. Si usted hubiera venido a mi casa,	3. habría recibido buenas notas.
4. Si nosotros hubiéramos estado aquí,	4. le habríamos saludado.
5. Si ustedes no hubieran tenido miedo,	5. el maestro te habría alabado.

21. Un cuento para dar miedo

I. Vocabulary Exercises

A. Synonyms

Find words of similar meaning in the story and tell what both mean.

1. la fiesta
2. salvaje
3. rogar
4. improbable
5. el asombro
6. el jefe
7. el vaquero
8. hallarse
9. descansar
10. la batalla

B. Antonyms

Find words of opposite meaning in the story and tell what both mean.

1. cerca de
2. domesticado
3. trabajar
4. montar
5. bajar
6. mismo
7. creíble
8. alejarse
9. odiar
10. hallar

C. Word Sets

Find the word that does not belong and tell why it does not.

1. otoño, quinto, séptimo, noveno
2. tigre, fiera, león, fuera
3. puñalada, arma, escopeta, cuchillo
4. rogaron, perdieron, pidieron, preguntaron
5. temblar, tener miedo, tertulia, ser cobarde
6. mató, notó, vio, percibió
7. jefe, cuchillo, presidente, caudillo
8. leche, lucha, herido, puñalada
9. ocurrió, pasó, tuvo lugar, alcanzó
10. llamada, incendio, ardiente, llama

D. Complete the sentences with one of the words listed.

feroz   pide   tertulia   puñalada   ocurrió
caudillo   por ser   el otoño

1. Yo deseaba que usted se divirtiese mucho en la _____.
2. ¿Es verdad que la estación que sigue el verano es _____?
3. Es posible que el tigre sea un animal _____.
4. ¿Sabe usted lo que _____ ayer?
5. No creyó que el cazador matase la fiera con una sola _____.
6. Es probable que el _____ de los gauchos se negara a rendirse.
7. Me alegraba de que le dieran una medalla _____ valiente.
8. Le _____ que me diga su nombre.

II. Structures

Form sentences using the words in the order given. Refer to the story for the correct structures.

1. De vez/cuando/tigre/saltar/árbol.
2. De repente/yo/ver/fiera.
3. Antes/haber/tigres/derecha.
4. Por/tarde/mi/amigos/dejar/a mí/descansar.
5. Por/ser/grande/héroe/él/ser/invitado/mucho/tertulias.
6. León/dar/miedo/a mí.
7. Yo/hallarse/ciudad/sin/familia/parientes/ni siquiera/compañero.
8. Ellos/decir/a mí/que/él/contar/cuentos/increíble.
9. Mujeres/pedir/a él/que/él/contar/su/aventuras/interesante.
10. Ojalá/que/lo/hacer/tú.

III. Verb Exercises: Subjunctive after impersonal expressions.

A. Complete the sentences.

Es lástima que él no pueda descansar.

_____ ustedes _____.
_____ yo _____.

_____ nosotros _____ .
_____ tú _____ .

Es muy raro que Leonardo no gane la batalla.
_____ Dorotea y Marcia _____ .
_____ yo _____ .
_____ nosotros _____ .
_____ tú _____ .

Era dudoso que Leonardo visitara al médico.
_____ mis padres _____ .
_____ yo _____ .
_____ nosotros _____ .
_____ tú _____ .

Era probable que Juana no regresara.
_____ mi familia y yo _____ .
_____ yo _____ .
_____ los maestros _____ .
_____ tú _____ .

Es cierto que Marcia está enferma.
_____ yo _____ .
_____ ellas _____ .
_____ nosotras _____ .
_____ tú _____ .

B. Complete the sentences.

Es mejor que las damas hayan salido.
_____ nosotros _____ .
_____ yo _____ .
_____ él _____ .
_____ tú _____ .

Es triste que el héroe haya muerto
_____ sus abuelos _____ .
_____ yo _____ fracasado.
_____ nosotros _____ .

_____ tú _____.

No era posible que lo hubieron bebido.
_____ Marta _____.
_____ el chico _____.
_____ yo _____.
_____ tú _____.

Era verdad que Dorotea había estado aquí.
_____ mis padres _____.
_____ tú _____.
_____ usted _____.
_____ yo_____.

C. Complete the sentences with the correct form of the infinitive in parentheses.

1. Es cierto que los tigres _____ feroces. (ser)
2. Es necesario que las damas le _____ con atención. (escuchar)
3. Era dudoso que el general _____ un rifle. (tener)
4. Es lástima que ellas no lo _____. (haber leer)
5. Era evidente que el gaucho _____ allí. (vivir)
6. Era mejor que tú _____ en la pampa. (quedarse)
7. Es claro que nosotros _____ razón. (tener)
8. Era dudoso que nosotros _____. (mentir)
9. No era probable que Facundo _____ cerca del general. (sentarse)
10. Es importante que los alumnos _____ la historia. (conocer)

22. El gaucho y el rastreador

I. Vocabulary Exercises

A. Synonyms

Find words of similar meaning in the story and tell what both mean.

1. encontrarse con
2. el cantante
3. el ladrón
4. las vacas
5. conquistado
6. el grupo de soldados
7. luchar
8. la huella
9. muchas veces
10. desmontar

B. Antonyms

Find words of opposite meaning in the story and tell what both mean.

1. flaco
2. rendirse
3. vacío
4. montar
5. desigual
6. proteger
7. cobarde
8. difícil
9. raramente
10. la sierra

C. Word Sets

Find the word that does not belong and tell why it does not.

1. cualquier, jinete, caballo, silla
2. ejército, ejercicio, soldado, general
3. quinientos, cincuenta, quince, cuatrero
4. botella, batalla, rendirse, vencido
5. valiente, robusto, viento, pelear
6. contar, trovador, cantar, canción
7. mil, distancia, millas, espacio
8. huella, pasado, rastro, pisada
9. vaca, vaquero, carta, cuatrero
10. apearse, sangriento, desmontar, estar de pie
11. pelear, pelo, herir, golpear
12. punto, puente, a través de, río
13. ganado, alimento, de buena gana, comer
14. testimonio, juez, jurado, jugado

D. Complete the sentences with one of the words listed.

cante　　tuviera　　hicieran　　rindieran
fuera　　apeara　　ojalá　　apeó

1. ¿Cree usted que los soldados valientes no se _____ nunca?
2. ¿Desea usted que el trovador le _____ una canción?
3. Parecía que los cuatreros _____ mucho daño.
4. Si él _____ rastreador, él podría seguir los rastros.
5. Si _____ un buen caballo, sería jinete sin igual.
6. El general dijo al jinete que se _____ inmediatamente.
7. El guía dijo que el jinete se _____ al ver las huellas.
8. ¡_____ que ganemos esta batalla sangrienta!

II. Structures

Form sentences using the words in the order given. Refer to the story for the correct structures.

1. Pablo/cantar/canciones/original/acompañarse/guitarra.
2. Gaucho/ser/domador/caballos/sin/igual.
3. Siempre/ellos/estar/para/pelear/enemigos.
4. General/luchar/independencia/país.
5. Tú/seguir/tropas/a través/selvas. (Imperfect)
6. Cuatreros/tratar/hacer/daño/a él.
7. Yo/haber/predecir/que/haber/quinientos/jinete.
8. Año/pasado/soldados/rendirse/caudillo.

III. Verb Exercises: Subjunctive after verbs of emotion and ordering.

A. Complete the sentences.

El general manda que él siga las pisadas.
_____ tú _____.

_____ nosotros _____.
_____ yo _____.
_____ ustedes _____.

Yo ruego que mis amigos me ayuden.
El _____ su padre lo _____.
Ustedes _____ yo los _____.
Tú _____ nosotros te _____.
Nosotros _____ tú nos _____.

San Martín permitió que el rastreador se adelantara.
_____ yo _____.
_____ ustedes _____.
_____ tú _____.
_____ nosotros _____,

Su padre prefirió que usted regresara temprano.
Los maestros _____ nosotros _____.
Yo _____ tú _____.
Nosotros _____ ellas _____.
Tú _____ yo _____.

El sargento teme que él pierda a muchos soldados.
Yo _____ tú _____.
Nosotros _____ ustedes _____.
Tú _____ nosotros _____.
Ustedes _____ yo _____.

Me alegro de que el vaquero esté bien.
Marcia _____ sus padres _____.
Ustedes _____ yo _____.
Tú _____ nosotros _____.
Nosotros _____ tú _____.

Estábamos tristes que ustedes no pudieran venir.
Yo _____ tú _____.
Mis amigos _____ yo _____.
Tú _____ ellos _____.

Leonardo _____ nosotras _____.

Ellos esperan que el general haya domado los caballos.
Yo _____ Paco y Pablo _____.
Ellas _____ nosotros _____.
Tú _____ yo _____.
Nosotros _____ tú _____.

Los rastreadores se alegran de hallar las huellas.
Yo _____.
Nosotros _____.
Tú _____.
Luis _____.

B. Complete the sentences with the correct form of the infinitive in parentheses.

1. Mi padre le dijo que _____ que seguir estudiando. (tener)
2. Nos rogó que no lo _____. (matar)
3. La maestra permite que sus estudiantes _____ en inglés. (hablar)
4. El soldado tenía miedo de que _____ el enemigo. (venir)
5. San Martín quiso que el rastreador le _____ de guía. (servir)
6. No tengo miedo de _____ mal en el examen. (salir)
7. Raúl desea que su esposa _____ alegre. (ser)
8. ¿Me permite usted que yo _____ en el cuarto? (entrar)
9. Nos alegramos de que _____ la batalla. (terminar)
10. Les dije a los soldados que _____ descansar. (poder)

23. En boca cerrada no entra mosca, I

I. **Vocabulary Exercises**

   A. **Synonyms**

   Find words of similar meaning in the story and tell what both mean.
   1. el caudillo
   2. el vagabundo
   3. mostrar
   4. el cuadro
   5. el país
   6. sin luz
   7. el domicilio
   8. el paseo
   9. la autopista
   10. coger

   B. **Antonyms**

   Find words of opposite meaning in the story and tell what both mean.
   1. desconocido
   2. abierto
   3. el traidor
   4. la victoria
   5. nadie
   6. alumbrado
   7. perder
   8. el anuncio
   9. la paz
   10. sacar

   C. **Word Sets**

   Find the word that does not belong and tell why it does not.
   1. cementerio, entrar, muertos, enterrar
   2. pasado, abuelos, bisabuelos, antepasados
   3. tren, ferrocarril, loco, estación
   4. palo, barba, peluca, pelo
   5. avión, paracaídas, volar, valer
   6. disfrazar, secreto, divisa, esconder
   7. manzana, casa, calle, cosa
   8. paseo, viejo, caminata, viaje
   9. pícaro, pájaro, socarrón, inteligente
   10. mosca, mosquito, insecto, Moscú

   D. Complete the sentences with one of the words listed.

   peluca   paracaídas   moscas   antepasados
   disfrazarse   cerrada   caminata   ferrocarril

144

1. No creí que sus _____ vinieran a los Estados Unidos en el Mayflower.
2. Es imposible que haga una larga _____ por un día caluroso.
3. Hoy día los jóvenes llevan barba y bigotes para _____.
4. En el verano hay muchos _____ y otros insectos para todas partes.
5. Las mujeres y los calvos llevan _____.
6. El dentista no pudo examinarlo porque tenía la boca _____.
7. Es muy peligroso saltar de un avión sin _____.
8. Es imposible ir de los Estados Unidos a España por _____.

II. Structures

Form sentences using the words in the order given. Refer to the story for the correct structures.

1. Yo/no/ser/patriota/sino/espión/valiente.
2. Muchos/morir/por/no/rendirse.
3. Claro/ser/que/ellas/estar/disfrazado.
4. Anoche/fiesta/yo/disfrazarse/con/peluca/barba/gafas.
5. Haber/aventureros/todo/partes.

III. Verb Exercises: Subjunctive after indefinite or negative antecedents; after verbs of doubt, denial, thinking, believing.

A. Complete the sentences.

Mi padre quiere un amigo que sea leal.

Ellas _____.
Yo _____ amigos _____.
Nosotros _____.
Tú _____.

Busco a un soldado que no tenga miedo.
El general _____.

Nosotros _____ amigos _____.
Tú _____.
Ustedes _____.

El no conoce a nadie que pueda cantar.
Ellos _____.
Tú _____ nadar.
Yo _____.
Nosotros _____.

¡Compra tú cualquier falda que te guste!
¡_____ faldas _____!
¡_____ libro _____!
¡_____ camisas _____!

Voy adondequiera yo desee.
Ellas _____ ellas _____.
Nosotros _____ tú _____.
Tú _____ nosotros _____.
María _____ ustedes _____.

Compré la falda que me gustó.
Mi madre _____ a ella _____.
El _____ traje que a él _____.
Nosotros _____ a nosotros _____.
Ustedes _____ blusas que a ustedes _____.

Yo fui adonde deseé.
Mi familia y yo _____ nosotros _____.
Paco y Ramón _____ ellos _____.
Tú _____ tú _____.
Usted _____ usted _____.

B. Complete the sentences.

Dudo que Leonardo haya ganado.
Ellos _____ tú _____.
Tú _____ nosotros _____.
Nosotros _____ ellos _____.

Raquel _____ yo _____.

El hombre niega que él sea el ladrón.
Ellos _____ tú _____.
Nosotros _____ ellos _____.
Yo _____ ustedes _____.
Tú _____ nosotros _____.

Nosotros no dudamos que las damas lo escuchan.
Ustedes _____ dama _____.
Yo _____ tú _____.
Tú _____ nosotras _____.
Miguel _____ yo _____.

El soldado no negó que él lo hizo.
Tú _____ yo _____.
Nosotros _____ ustedes _____.
Yo _____ nosotros _____.
Ellos _____ tú _____.

¿Cree usted que él vaya a la fiesta?
¿ _____ él _____ nosotros _____?
¿ _____ yo _____ ellos _____?
¿ _____ nosotros _____ tú _____?
¿ _____ ellas _____ yo _____?

¿Piensan ellos que su abuela muera?
¿ _____ tú _____ ellos _____?
¿ _____ yo _____ nosotros _____?
¿ _____ nosotros _____ tú _____?
¿ _____ David _____ yo _____?

El soldado no cree que venga el enemigo.
Yo _____ ellos.
Nosotros _____ tú.
Tú _____ nosotros.
Ustedes _____ yo.

Creímos que usted nos dijo la verdad.
Yo _____ ellos _____.
Carlota _____ tú _____.
Tú _____ nosotras _____.
Ustedes _____ yo _____.

C. Complete the sentences with the correct form of the infinitive in parentheses.
1. Mi madre quiere un criado que _____ hablar alemán. (saber)
2. No puedo hallar ningún radio que _____ barato. (ser)
3. Los veré cuandoquiera _____. (volver)
4. Dudé que María _____ aquí. (estar)
5. Mi padre no negó que él _____ la ventana. (quebrar)
6. ¿Creyó él que Luisa _____ con él? (casarse)
7. No pudo encontrar a ningún empleado que _____ trabajar. (querer)
8. Conozco a un hombre que _____ tres lenguas. (hablar)
9. ¿Pensaste que yo no _____ razón? (tener)
10. El niño negó que él nos _____ una mentira. (decir)

24. En boca cerrada no entra mosca, II

I. Vocabulary Exercises

A. Synonyms
Find words of similar meaning in the story and tell what both mean.

1. sin pelo
2. hermoso
3. el soprano
4. contestar
5. circular
6. la cara
7. pardo
8. parecerse a
9. tonto
10. la montaña

B. Antonyms
Find words of opposite meaning in the story and tell what both mean.

1. único
2. cuadrado
3. subir
4. sospechar
5. feo
6. el propietario
7. ancho
8. el grupo
9. entristecer
10. tener razón

C. Word Sets
Find the word that does not belong and tell why it does not.

1. escalera, casa, peso, piso
2. Cielito Lindo, canción, caro, coro
3. blando, escoba, limpio, suelo
4. tarjeta, seña, carta, papel
5. tanto, bobo, tonto, mirón
6. boxeador, lucha, ganador, ganado
7. rastro, cara, rostro, figura
8. un par, dos, de par en par, ambos
9. quizás, a la vez, tal vez, es posible

D. Complete the sentences with one of the words listed.

escoba   pase   cautamente   calvos   tiple
par en   escalera   fiásemos

1. No podía limpiar el suelo sin _____.

2. La mayoría de las mujeres hablan en una voz de _____.

3. Cuando alguien llamará a la puerta, ábrala _____.

4. Si él hubiera sabido la palabra de _____, los soldados no lo habrían tirado.

5. Si yo supiera que venía usted, yo abriría la puerta de _____ par.

6. Estoy demasiado cansado para subir la _____.

7. Los pícaros querrían que nos _____ de ellos.

8. Los _____ no necesitan barberos.

II. Structures

Form sentences using the words in the order given. Refer to the story for the correct structures.

1. Ayer/yo/hallar/lo que/yo/buscar.
2. El/deber/cantar/coro/canción.
3. Se/abrir/puerta/par/par.
4. Ante/mi/ojos/aparecer/hombre/flaco/calvo.
5. Ellas/tener/semejanza/cantante/popular.

III. Verb Exercises: Subjunctive in adverbial and adjective clauses.

A. Complete the sentences.

Yo te daré la escoba cuando tú entres.

_____ ellos _____.
Nosotros _____ ella _____.
Ellos _____ yo _____.
_____ nosotros _____.

Avísame luego que él salga.

_____ ellos _____.
_____ tú _____.
_____ David _____.

Yo escribiré la carta antes de que yo llegue.

El _____ ellos _____.
Tú _____ nosotros _____.

Nosotros _____ tú _____.
Ustedes _____ Marcia _____.

El nos verá después de que él estudie.
Ustedes _____.
Nosotros los _____.
Yo _____.
Tú _____.

Lo vi antes de que yo saliera.
Jorge _____ él _____.
Las niñas _____ ellas _____.
Tú _____ tú _____.
Nosotros _____ ellos _____.

Ellos me dijeron luego que ellos sabían del accidente.
Usted _____ usted _____.
Tú _____ tú _____.
Yo le _____ yo _____.
Nosotros _____ nosotros _____.

B. Complete the sentences.

Nosotros le damos dinero para que él lo mande a su madre.
El _____ yo _____.
Yo _____ nosotros _____.
Ustedes _____ ellas _____.
Tú _____ tú _____.

Leeré el libro a menos que Luis lo quiera.
Paco _____ nosotros _____.
Nosotros _____ ustedes _____.
Tú _____ yo _____.
Ellas _____ tú _____.

Ella vendrá aunque su padre esté en el hospital.
Yo _____.
Tú _____ ellas _____.
Nosotros _____ tú _____.
Los hombres _____ yo _____.

Ella vino aunque su padre estaba en el hospital.
Miguel y Paco _____.
Nosotros _____ tú _____.
Tú _____ yo _____.
Yo _____ ellos _____.

Miraré la televisión a pesar de que venga Miguel.
Nosotros _____ los tíos.
Tú _____ yo.
Ustedes _____ nosotros.
Roberto _____ tú.

Yo le di el dinero con tal que él lo guardara.
Nosotros _____ tú _____.
Mi padre _____ yo _____.
Ustedes _____ ellos _____.
Tú _____ nosotros _____.

C. Complete the sentences with the correct form of the infinitive in parentheses.
1. Terminaré la tarea antes de que ellos _____. (regresar)
2. El leyó el cuento lentamente así que nosotros _____ entenderlo. (poder)
3. El salió sin que yo lo _____. (saber)
4. Aunque _____ mucho, lo compraré. (costar)
5. Tan pronto como _____ al hotel, podremos descansar. (llegar)
6. Después de que mi padre _____, la familia dio un paseo. (desayunarse)
7. Te daré el documento para que _____ firmarlo. (poder)
8. El esperó en el hotel hasta que _____ sus amigos. (salir)
9. Haremos el viaje contigo, con tal de que no _____. (nevar)
10. Cada día cuando lo _____, lo saludo. (ver)

25. El zorro y la corneja, I

I. Vocabulary Exercises

A. Synonyms

Tell which pairs are not synonyms and why they are not.

1. pico, montaña
2. halagan, alaban
3. vajilla, platos
4. leyenda, fábula
5. preferencia, elección
6. además, también
7. villancico, canción
8. alegó, dijo
9. cuidado, ciudad
10. fragancia, olor
11. inculpar, acusar de algo
12. saborear, conocer

B. Antonyms

Tell which pairs are not antonyms and why they are not.

1. atrajo, rechazó
2. mentir, bajar
3. soltera, esposa
4. vengarse, perdonar
5. llevar puesto, quitar
6. piadoso, irreligioso
7. halagan, critican
8. mentía, decía la verdad
9. coser, comer
10. pecado, buena acción
11. zapatos, guantes
12. alegar, ponerse triste

C. Word Sets

Find the word that does not belong and tell why it does not.

1. zorro, corneja, gallo, pájaro
2. árbol, rama, hoja, hija
3. Nochebuena, buenas noches, villancico, Navidad
4. juez, jurado, fábula, poner pleito
5. piadosa, misa, mesa, iglesia
6. pico, boca, nariz, además
7. botón, traje, cocer, sastre
8. harina, pastel, pan, rama
9. vajilla, plata, plato, taza
10. zapato, sombrero, sombra, pantalones
11. cosió, tragó, bebió, comió
12. confesar, pescado, mentía, pecado

13. soltera, viaje, vieja, fea
14. halagan, alaban, felicitan, critican

D. Complete the sentences with one of the words listed.

    solteras   pecado   Gallo   villancicos
    saborear   cuidado   pleito   puestos   atrajo

1. Durante la Navidad cantamos _____.
2. El azúcar _____ las moscas.
3. No creo que piropear a las jóvenes sea _____.
4. Los piadosos fueron a la Misa del _____.
5. Las que creen en la liberación femenina se quedan _____ frecuentemente.
6. Muchos jóvenes no llevan zapatos _____ para mostrar su amor de la naturaleza.
7. ¡_____ con el perro feroz!
8. Si nadie pusiera _____, no necesitaríamos abogados.
9. ¿Quisiera usted _____ un pedazo del pastel que acaba de cocinar mi mamá?

II. Structures

Form sentences using the words in the order given. Refer to the story for the correct structures.

1. Según/leyenda/nadie/estar/decir/verdad.
2. Anoche/ella/dejar/caer/pedazo/queso.
3. El/negarse/decir/cualquier/cosa/que/poder/ayudar/a él.
4. ¿No/ser/verdad/que/niños/andar/carretera?
5. Ser/verdad/que/yo/estar/allí.

III. Verb Exercises: Subjunctive in contrary to fact sentences; after como si; review.

A. Complete the sentences.

Si tengo sueño, yo descanso.

_____ ellas _____, ellas _____.
_____ nosotros _____, nosotros _____.

_____ tú _____, tú _____.
_____ María _____, ella _____.

Si tendré sueño, yo descansaré.
_____ María _____, ella _____.
_____ ustedes _____, ustedes _____.
_____ tú _____, tú _____.
_____ nosotros _____, nosotros _____.

Si yo tenía sueño, yo descansé.
_____ nosotros _____, nosotros _____.
_____ tú _____, tú _____.
_____ ellas _____, ellas _____.
_____ mi madre _____, ella _____.

Si yo tuviera sueño, yo descansaría.
_____ nosotros _____, nosotros _____.
_____ él _____, él _____.
_____ tú _____, tú _____.
_____ ustedes _____, ustedes _____.

Nosotros compraríamos la casa si quisiéramos.
Tú _____ tú _____.
Los padres _____ ellos _____.
Yo _____ yo _____.
Ramón _____ él _____.

Si yo hubiera ido, yo te habría dicho.
_____ nosotros _____, nosotros _____.
_____ ellas _____, ellas _____.
_____ tú _____, tú lo _____.
_____ él _____, nosotros _____.

B. Complete the sentences.

El habló como si él fuera francés.
Yo _____ yo _____.
Nosotros _____ nosotros _____.
Ustedes _____ ustedes _____.

155

Tú _____ tú _____ .

Leonardo parece como si estuviera enfermo.
Tú _____ tú _____ .
Las niñas _____ ellas _____ .
Yo _____ yo _____ .
Nosotros _____ nosotros _____ .

C. Complete the sentences with the correct form of the infinitive in parentheses.

1. Le dijeron que él _____ inmediatamente. (salir)
2. Me alegro de que tú lo _____ . (haber ver)
3. ¿Se sorprenden ustedes que _____ un examen hoy? (haber)
4. Nosotros dudamos que ellos lo _____ . (saber)
5. Se niegan que esto _____ importante. (ser)
6. Es imposible que tú _____ . (ir)
7. El maestro no ha permitido que los niños _____ en la biblioteca. (entrar)
8. Yo dudé que ellos lo _____ . (haber ver)
9. Terminarás el trabajo antes de que nosotros _____ . (regresar)
10. Aunque la falda costó mucho, la _____ . (comprar)
11. Yo no lo daré al médico, quienquiera él _____ . (ser)
12. Si él _____ más, él recibiría mejores notas. (estudiar).
13. Ella no puede encontrar a nadie que _____ ayudarla. (poder)
14. Me miró como si yo _____ un crimen. (haber cometer)
15. Tan pronto como nosotros _____ la novela, habrá un examen. (leer)

16. El alumno se alegra de _____ en el cuarto. (entrar)
17. Es evidente que en el desierto no _____ plantas ni agua. (haber)
18. Era imposible que él _____ en el hotel. (quedarse)
19. Si María _____ imaginación, ella habría entendido la lección. (haber tener)
20. No hay ningún lugar donde yo _____ hallar descanso. (poder)
21. Te mando que tú _____ inmediatamente. (salir)
22. Diviértete adondequiera tú _____. (ir)
23. El esperó en la estación hasta que _____ sus amigos. (llegar)
24. Será necesario que él _____ alemán. (aprender)
25. Estoy seguro de que la botella _____ llena. (estar)
26. Nosotros quisimos que ellos _____ el artículo. (leer)
27. Te compraré cualquier regalo que tú _____. (desear)
28. Si yo _____ eso, yo no lo negaría. (hacer)
29. El habló hace una hora sin que yo lo _____. (interrumpir)
30. Ese hombre me dio consejos como si él _____ mi padre. (ser)
31. Yo espero que mi madre _____ más noticias. (recibir)
32. Tengo miedo de que los otros no _____. (haber terminar)
33. Leo el periódico si yo no _____ prisa. (tener)
34. Yo leía el periódico si yo no _____ prisa. (tener)

35. Yo leería el periódico si yo no _____ prisa. (tener)
36. Yo leeré el periódico si yo no _____ prisa. (tener)
37. Yo habría leído el periódico si yo no _____ prisa. (haber tener)
38. Yo aceptaré cualquier trabajo que usted me _____. (ofrecer)
39. Mi padre quiere que yo _____ a la universidad. (asistir)
40. Yo espero _____ esa región. (ver)
41. Es lástima que tú no _____ aquí cada día. (estar)
42. Me mandó que yo _____ la sopa. (servir)
43. El compró papel así que su hermana _____ escribir una carta. (poder)
44. Llámame antes de que ellos _____. (llegar)
45. Espérame hasta que yo _____. (regresar)
46. Ellos me esperaron hasta que yo _____. (regresar)
47. Ojalá que yo _____ el examen a tiempo. (terminar)
48. Estaban tristes que usted _____ la pierna. (quebrar)
49. Tu madre prefiere que tú _____ en casa esta noche. (quedarse)
50. Anoche el mozo sugirió que nosotros _____ las langostinas. (pedir)

Master Spanish-English Vocabulary

Vocabulary Notes

Vocabulary Time Savers
1. Words easy to recognize.
   a) The same in both languages: **color, idea, noble, hotel, radio**
   b) Slight change: **ángel, decente** (decent), **mucho** (much), **individuo** (individual), **atracción** (attraction), **silencio** (silence), **gloria** (glory), **movimiento** (movement), **teléfono** (telephone), **defender** (to defend)
2. Prefixes and suffixes.
   a) **des-, in-** (*dis-, un-, -less*): cortés (polite), **des**cortés (*im*polite); agradable (agreeable), **des**agradable (*dis*agreeable); útil (useful) in**ú**til (use*less*)
   b) **-ando, -iendo** (*-ing*): atac**ando** (attack*ing*), defend**iendo** (defend*ing*)
   c) **-ero, -or** (*trade or profession*): pan (bread), panad**ero** (bak*er*); descubrir (to discover), descubrid**or** (discover*er*)
   d) **-ería** (*store*): carne (meat), carnic**ería** (butcher shop); panad**ería** (bakery)
   e) **-oso, -osa** (*-ous*): fam**oso** (fam*ous*), glori**osa** (glori*ous*)
   f) **-mente** (*-ly*): rápida**mente** (rapid*ly*), rica**mente** (rich*ly*)
   g) **-dad, -tad** (*-ty*): liber**tad** (liber*ty*), universi**dad** (university)
   h) **-ito, -ita** (*little*): perr**ito** (*little* dog), chiqu**ita** (*little* girl)
   i) **-ísimo, -a** (*very*): much**ísimo** (*very* much)
3. Nouns formed from other words.
   a) From verbs: enseñar (*to teach*), enseñ**anza** (*teaching*); alabar (*to praise*), alab**anza** (*praise*)
   b) From past participles: entr**ado** (*entered*), entr**ada** (*entrance*); sal**ido** (*gone out*), sal**ida** (*exit*)
4. Vowel change in verbs.

Group I	Group II
e to **ie**: pensar, piensa	**e** to **ie, i**: sentir, siente, sintió
o to **ue**: contar, cuenta	**o** to **ue, u**: dormir, duerme, durmió

   Group III
   e to **i**: pedir, pide, pidió

BEWARE! Some words may fool you: pariente (relative) not parent; largo (long) not large.

How to Use the Vocabulary

1. a) Nouns are listed without the definite article:
   libro book, instead of **el** libro
   cama bed, instead of **la** cama
   b) Nouns ending in -o are **masculine** (*m.*): libro is (*m.*)
   c) Nouns ending in **-a, -d, -ión** are **feminine** (*f.*): libra, salud, and posición are (*f.*)
   d) Nouns ending in other letters and exceptions to the rules will be indicated by (*m.*) or (*f.*): agente (*m.*), papel (*m.*), carne (*f.*), corazón (*m.*), día (*m.*), mano (*f.*); puente (*m.,f.*), either **el** or **la** puente; agua (*f.*, **el**), el agua although it is **feminine**
2. Words with **ch** are listed after those with **c:**
   chico follows **c**laro; le**ch**e follows le**c**tura
3. Words with **ll** are listed after those with **l:**
   llevar follows **l**obo; o**ll**a follows o**l**vidar
4. **bueno, -a:** buena is the **feminine** of bueno
5. **estos, -as:** estas is the **feminine plural** (*f.pl.*) of estos
6. **hablador, -a:** habladora is the *feminine* of hablador

A

a at, to
  a causa de because of
  a eso de about
  a menudo often
  a partir de (hoy) from (today) on
  a pesar de in spite of
  a tiempo on time
  a través de across
  a veces at times
abandonar to abandon, leave
abertura opening
abogado lawyer
abierto, -a open, opened
abrazar to embrace
abrir to open
absolutamente absolutely
aburrido, -a boring
aburrrir to tire, bore
acabar de to have just

acaso by chance
  por si acaso, in case
acercarse a to approach, come near to
acero steel
acompañar to accompany
aconsejar to advise
acordarse (ue) to remember
acortar to shorten
acostarse (ue) to go to bed
acostumbrar a to be used to
acusar to accuse
adelantar to go forward
adelante forward
  en adelante ahead, after this
adondequiera wherever
adorar to adore
aduana customhouse
aeropuerto airport
afectuosamente affectionately
aficionado, -a fan, lover of sports

162

afuera outside
   las afueras outskirts, suburbs
agarrar to grab, seize, hold
   tener agarrado, to hold tightly
agente *(m.)* **de policía** policeman
agitar to agitate, disturb
agotar to exhaust, wear out
agradable agreeable, pleasant
agradecer to be grateful, thank
agua *(f., el)* water
aguantar to stand, bear, tolerate
aguardiente anisada anisette (alcoholic drink)
agujero hole
ahora now
   de ahora en adelante from now on
aire *(m.)* air
   al aire libre outdoors, in the open air
alabanza praise
alabar to praise
alcanzar to reach
aldea town, village
alegar to allege, claim
alegrarse de to be happy, glad
alegre happy
alegría happiness
alejarse de to move away from
alfombra carpet
algo something
alguno, -a some
alimento food
almorzar (ue) to eat lunch
almuerzo lunch
altiplano highland, plateau
alto, -a high, tall
alumbrado lit up
alumno, -a pupil, student
allí there
amable amiable, kindly
amar to love
amargamente bitterly
ambos, -as both
amarillo, -a yellow
amigable friendly
amigo, -a friend
amo boss, owner
amor *(m.)* love
anciano, -a ancient, old
ancho, -a wide, broad

andar to go, walk
aniversario anniversary
anoche last night
ante before, in the presence of
anteojos eyeglasses
antepasados ancestors
antes de before
   cuanto antes as soon as possible
antropólogo anthropologist
antropología anthropology, study of man
anuncio advertisement
añadir to add
año year
   año pasado last year
   año que viene next year
apagar to put out
aparato telefónico telephone
aparecer to appear
apartamiento apartment
   casa de apartamientos apartment house
apearse to dismount
apetito appetite
apenas hardly
aplaudir to applaud
apodo nickname
aprender to learn
aprovecharse de to take advantage of
apuntar to aim
aquel, -la that
aquél, -la that one, the former
aquí here
arder to burn
ardiente ardent, fiery
arena arena, sand, bullring
arenque *(m.)* herring
argumentar to argue
arma *(f., el)* weapon
arrancar to snatch, tear out
arreglar to arrange
arroyo stream
arrojar to throw
arroz *(m.)* rice
asar to roast
   carne asada roast beef
asegurar to assure, insure
asesino assassin, murderer
así thus, in this way

asiento seat
asignatura school subject
asistir (a) to be present (at), attend
asombro astonishment
aspecto aspect, appearance
asunto affair, matter
atacar to attack
ateneo discussion group
atleta *(m.)* athlete
atlético, -a athletic
atónito, -a amazed, astonished
atraer to attract
atrapar to trap, catch
atrás backwards
   hacia atrás backwards
atrasar to go backwards, be slow
atravesar (ie) to cross
atreverse a to dare to
audiencia audience, hearing
aun, aún even, nevertheless
aunque although
ausente absent
ausentarse to be absent
autopista highway
aventura adventure
aventurero adventurer
averiguar to ascertain, find out
avión *(m.)* airplane
avisar to inform, advise
ayer yesterday
ayuda help
ayudar to help
azúcar *(m. or f.)* sugar
azul blue

B

bailar to dance
baile *(m.)* dance
bajar to go down, lower
   bajar de to get off
bajo below, under
bajo, -a short, low
banco seat, bench
banderillero bullfighter who places darts (banderillas) into the neck of the bull
barba beard
barco boat
barato, -a cheap

barrer to sweep
barrio district
bastante enough, sufficient
basura garbage, refuse
batalla battle
beber to drink
bebida beverage, drink
bello, -a handsome, beautiful
besar to kiss
beso kiss
biblioteca library
bibliotecaria librarian
bien well
   salir bien to do, come out well
bienvenida welcome
bigote *(m.)* moustache
billete *(m.)* ticket
bisabuelo, -a great grandparent
blanco, -a white
blando, -a bland, soft, flabby
blusa blouse
bobo, -a dunce, fool
boca mouth
bocado mouthful
bolsa purse, pocketbook
bolsillo purse, pocket
bomba bomb, pump
bombero fireman
borde *(m.)* edge, border
bote *(m.)* small, open boat
botella bottle
botón *(m.)* button
boxeador boxer
brazo arm
brillar to shine
bueno, -a good
buque *(m.)* boat
burlarse (de) to make fun (of)
burro donkey
busca search
   en busca de in search of
buscar to look for

C

caballero gentleman
caballo horse
   montar en caballo to ride a horse
caber to fit
   no cabe duda there is no doubt

no caber de gozo to be overjoyed
cabeza head
cada each
caer to fall
  dejar caer to drop
café *(m.)* coffee
caimán *(m.)* alligator
caja box, case
calcetín sock
calentar (ie) to warm
caliente warm, hot
calmarse to calm down
calor *(m.)* heat
caluroso, -a warm, hot
calvo, -a bald
callarse to keep quiet
calle *(f.)* street
cama bed
camarada *(m.)* comrade, chum
cambiar to change
caminar to walk
caminata long walk, hike
camino road
  ponerse en camino to start out
camión *(m.)* truck
camisa shirt
campesino, -a farmer, farmer's wife
campaña military campaign
campo field, camp, country
  campo de entrenamiento training camp
canción *(f.)* song
canoa canoe
cansado, -a tired
cansar to tire
cantante *(m., f.)* professional singer
cantar to sing
cántaro decanter, large bottle
  llover a cántaros to rain heavily
cantidad quantity
cantina pub, saloon
caña cane
  caña de pescar fishing rod
capeador bullfighter who enrages the bull by waving his cloak
cara face
caro, -a expensive
carácter *(m.)* character, reputation
  difamación *(f.)* **de carácter** defamation of character, libel, slander

cárcel *(f.)* prison, jail
cargado, -a (de) entrusted (with)
cargar to load
cargo violation, count, charge
carne *(f.)* meat
carrera career, profession
carretera panamericana Panamerican highway
casa house
  casa de apartamientos apartment house
  casa privada private house
casado, -a married
casarse con to marry
castellano Spanish; person from the province of Castile
caudillo chief, leader
causa cause
  a causa de because of
cautamente cautiously
cazador *(m.)* hunter
cazar to hunt
cebolla onion
celebrar to celebrate
célebre famous
cena dinner, supper
cenar to dine
centro business district
cerca (de) near
cerrar (ie) to close
certidumbre *(f.)* certainty
cerveza beer
cesar to stop, cease
césped *(m.)* lawn, grass plot
cesto basket
ciego, -a blind
cielo sky
cien one hundred
científico, -a scientific; scientist
cierto, -a certain
cirujano surgeon
cita appointment, meeting
citación summons, ticket
ciudad city
ciudadano, -a citizen
claro, -a clear
  claro es (que) it is clear (that)
clase *(f.)* class, kind
  toda clase every kind
clavar to nail

clavo nail
cobre *(m.)* copper
cocinar to cook
coche *(m.)* auto, car
coger to seize
cola tail
   hacer cola to stand in line
cólera anger
colérico, -a angry
colgar (ue) to hang
combatir to fight
comedor *(m.)* dining room
comenzar (ie) to begin
comer to eat
   dar de comer to feed
comerciante businessman
comida dinner, meal
cometer to commit
como like, as
   ¿Cómo? How?
   ¡Cómo no! Why not, of course!
compañía company
compatriota *(m.,f.)* fellow citizen
componer to compose, put together
comportarse to behave
comprador purchaser, buyer
compra purchase
comprar to buy
comprender to understand
con with
   con cuidado with care
   con mucho gusto with pleasure
   dar con to meet, come upon
condenar to condemn
conducta conduct, behavior
conducir to drive, conduct
   licencia para conducir driver's license
confesar to confess
confianza confidence, trust
conmigo with me
conocer to know, be acquainted with
consejo advice
considerar to consider
consiguiente consequent
   por consiguiente consequently
cónsul *(m.)* a nation's official representative in a foreign city or country
contaminación contamination
   contaminación del aire *(m.)* air pollution
contar (ue) to tell, relate
contento, -a content, happy
contestar to answer
contener to contain
continuar to continue
contra against
contrabando smuggled goods
contrario contrary
   lo contrario opposite
convencer to convince
corbata neckwear, tie
corazón *(m.)* heart
cordialmente cordially, heartily
corneja crow, raven
coro chorus (of a song)
correctamente correctly
correr to run
corrida de toros bullfight
corriente *(f.)* current
cortar to cut
cortejo procession
cortés courteous, polite
cortesía courtesy
corto, -a short
cosa thing
coser to sew
costar (ue) to cost
costumbre *(f.)* custom, habit
crear to create
crecer to grow
creer to believe
creíble believable
criado, -a servant
criatura infant
crimen *(m.)* crime
crítica criticism
criticar to criticize
cruzar to go across, cross
cuadrilla de toreros team of bullfighters
cual, -es which, what
   ¿Cuál, -es? Which? What?
cualquier whatever
cuando when
   ¿Cuándo? When?
   de vez en cuando from time to time
cuanto, -a as much as
   cuanto antes as soon as possible
   en cuanto a as for

cuanto más. . . tanto más the more . . . the more
¿Cuánto, -a? How much?
¿Cuántos, -as? How many?
cuartel *(m.)* barracks
cuarto fourth, quarter; room
cuatrero rustler, cattle thief
cubierta cover, lid
cubrir to cover
cubo pail
cuchara spoon
cuchillo knife
cuenta account, bill
    darse cuenta de to realize
cuidado care
cuidarse to take care of
culpable guilty
cumpleaños birthday
curiosidad curiosity
cuyo, -a, -os, -as whose

CH

charlar to chat
chico, -a youngster
chistoso, -a humorous
chofer chauffeur

D

dama lady
dar to give
    dar de comer to feed
    dar golpes to beat
    dar paseos to take walks
    darse cuenta de to realize
daño damage, harm
    hacer daño to harm, hurt
de of, from
    de acuerdo agreed
    de nuevo again
    de par en par open wide
    de pie on foot
    de prisa in a hurry
    de vez en cuando from time to time
deber to have to, owe
deberes *(m.)* homework
débil weak
debilidad weakness
decente decent
decidir to decide

decir to say, tell
declaración declaration, statement
dedo finger
dejar to let
    dejar caer to drop
delante (de) in front (of)
delirante delirious
demasiado too much
demoníaco, -a devilish
dentro within
    dentro de poco in a short time
deporte *(m.)* sport
derecho, -a right
derrotar to defeat, rout
desafortunado, -a unlucky
desagarrar to let loose, release
desagradable disagreeable
desaparecer to disappear
desayunar to have breakfast
desayuno breakfast
descansar to rest
descortés impolite
describir to describe
desde since
    desde luego of course
desdén *(m.)* contempt
desear to desire, wish, want
desgraciado, -a unfortunate
desigual unequal
desinflado, -a flat
    llanta desinflada flat tire
desmayarse to faint
desmontar to dismount
despedirse (de) (i) to say goodbye (to)
despertarse (ie) to wake up
desprenderse de to get rid of
después de after
destruir to destroy
detener (se) to stop (oneself)
devolver (ue) to return (something)
día *(m.)* day
    hace ocho días a week ago
    hoy día nowadays
diablo devil
diálogo dialogue
diamante *(m.)* diamond
dichoso, -a lucky
difamación defamation
    difamación de carácter *(m.)* defamation of character, slander

difícil hard, difficult
digno, -a worthy
diligente diligent, hardworking
dinero money
dirección address
   dirección única one-way
dirigirse (a) to turn, address (to)
disco record
discurso speech
discutir to discuss
disfrazarse to disguise oneself
dispensar to excuse
dispuesto, -a inclined
disputa argument
disputar to argue
distinguir to distinguish
distinto, -a different
distribuir to distribute
divertir (se) (ie) to enjoy, amuse (oneself)
dividir to divide
divisa motto
docena dozen
dolor *(m.)* pain
domador, -a horse trainer
domar to tame
domicilio home
dominar to dominate, control
donde where
   ¿Dónde? where
dormir (ue) to sleep
   dormir la siesta to take a nap
dormirse to fall asleep
duda doubt
   sin duda without doubt
   no cabe duda there's no doubt
dueño, -a boss, owner
dulce sweet
dulzura sweetness, gentleness
durante during
duro, -a hard

E

e and
echar to throw
edificio building
ejemplo example
   por ejemplo for example
ejército army

elemental elementary
empezar (ie) to begin
emplear to employ, use
empleo job
en in
   en punto exactly
encantar to charm, delight
encanto delight
   sin encanto without charm
encima on top, above
encontrar (ue) to find, encounter
encontrarse con (ue) to meet
enemigo enemy
enfadar to anger
enfadarse to get angry
énfasis *(m., f.)* emphasis
enfermero, -a nurse
enfermo, -a patient, sick
engañar to deceive, fool
engaño deceit
engordar to grow fat
enmienda amendment
enojado, -a annoyed
enojar to irritate
enojarse to get, be angry
ensayo essay
enseñar to show, teach
enseñanza teaching
ensuciar to dirty
entero, -a entire
enterrar (ie) to bury
entonces then
   en este entonces at this time
entrada entrance
entrar to enter
entregar to hand over, deliver
entrenamiento training
entristecerse to become sad
envidia envy, jealousy
equipo team
equivocar (se) to be mistaken
escalera staircase
escena scene
escoba broom
escoger to choose, pick
esconder to hide
escopeta shotgun
escribir to write
escritor, -a writer
escuchar to listen to

escuela school
eso that
   por eso for that reason
espada sword
espalda shoulder
espanto fear
espectador, -a spectator
esperar to wait for, hope
espeso, -a thick
espía spy
espión (m.) spy
espionaje (m.) espionage, spying
esposa wife
esquina corner
este this
estación station, season
estallar to burst, break out
exigir to demand
éxito success
   tener éxito to be successful
explicar to explain
exportador, -a exporter
extranjero, -a foreign
extraño, -a strange

F

fabricante (m.) manufacturer
fábula fable
fácil easy
falda skirt
falta fault
faltar to need, be lacking
fama reputation
familia family
fanáticamente fanatically
fantástico, -a fantastic
fatigado, -a tired
favor (m.) favor
felicitar (se) to congratulate (each other)
feliz happy
feo, -a ugly
ferocidad ferocity
feroz fierce
ferrocarril (m.) railroad
fiarse de to trust
fiera wild animal
fiesta holiday, celebration
filosófico philosophical

fin (m.) end
   al fin in the end, finally
fiscal (m.) district attorney
físico,-a physical; physicist
flaco,-a thin
flor (f.) flower
flota fleet
fondo rear, bottom
fracasar to crumble; fail
fragancia fragrance, smell
francés French
frecuentemente frequently
frente (f.) forehead
fresco, -a fresh, cool
frito, -a fried
frustrado, -a frustrated, disappointed
fruta fruit
fuego fire
fuerte strong
fuerza strength
furia fury

G

gafas eyeglasses
gallo rooster
   Misa del Gallo Midnight Mass
gana desire
   de buena gana willingly
   de mala gana unwillingly
   tener ganas de to feel like
ganado cattle
ganadero rancher, cattleman
ganador, -a winner
ganar to win
   ganar la vida to earn a living
gancho hook, hanger
ganga bargain
gastar to spend
gaucho herdsman, cowboy
genio genius
   de mal genio ill-tempered
gente (f.) people
gigante (m.) giant
gobierno government
golpe (m.) knock
   dar golpes to beat
golpear to beat
gordo, -a fat
gozar de to enjoy

gozo enjoyment
  no caber de gozo to be overjoyed
gracias thanks
  dar gracias to thank
grado grade
graduar to graduate
grande grownup, adult; big, great
grandísimo, -a very big
grano grain
gritar to shout
grupo group
guante *(m.)* glove
guapo, -a handsome, pretty
guardar to keep, protect
guardia *(m.)* guard
guerra war
guía *(m.)* guide
guía *(f.)* **de teléfonos** telephone directory
gustar to like, be pleasing
gusto pleasure

H

haber to have
hábil clever
habildad cleverness
habitante *(m.)* inhabitant
hablador, -a talker; talkative
hablar to speak
  oír hablar de to hear about
hacer to make, do
  hacer cola to stand in line
  hacer daño to harm
  hace ocho días a week ago
  hacer una pregunta to ask a question
  hacer un viaje to take a trip
  hacer viento to be windy
hacerse to become
hacha *(f., el)* hatchet
halagar to flatter
halar to pull
hallar to find
hallarse to find oneself
hambre *(f., el)* hungry
  tengo hambre I'm hungry
harina flour
hasta until
hecho deed, act

herido, -a wounded
hermano, -a brother, sister
héroe hero
heroína heroine
hidalgo nobleman
hierba grass
hierro iron
hijo, -a son, daughter
hispano, -a Spanish
historia story
hombre man
  todo un hombre a real man
hombro shoulder
honrado, -a honest
honrar to honor
hora hour
horario program, timetable
hoy today
  hoy día nowadays
huella track, mark, trace
hueso bone
  mojado, -a hasta los huesos soaked
huevo egg
huir to flee, run away
humanidad humanity

I

idealista *(m., f.)* idealist
identificar to identify
iglesia church
igual equal, same
imitar to imitate
imperfecto, -a imperfect
importar to be important
  ¿Qué me importa? What do I care?
impuesto tax
incendio fire
incidente incident, happening
incrédulo, -a unbelievable
inculpar to blame, accuse
indio, -a Indian
individuo individual
inepto, -a inept, awkward
infeliz unhappy
inflado, -a inflated
ingenioso, -a ingenious, clever
inglés English
inhalar to inhale, breathe
inquilino, -a tenant

inteligencia intelligence
inteligente intelligent
  lo inteligente que... how smart...
intentar to intend
interés *(m.)* interest
interesante interesting
interesarse to be interested
interrumpir to interrupt
invencible invincible, unconquerable
inventado, -a imagined, made-up
inventar to imagine, invent
invierno winter
invitado, -a invited, guest
ir to go
  ir de compras to go shopping
irse to go away
irritado, -a irritated
italiano, -a Italian
izquierdo, -a left
  a la izquierda on the left

J

jardín *(m.)* garden
jefe *(m.)* chief, leader
jíbaro hillbilly
jinete *(m.)* horseman
jipijapa fine, woven straw
  sombrero de jipijapa Panama hat
juez *(m.)* judge
jugar (ue) to play
juego game
juicio judgment
  a mi juicio in my opinion
junta council
junto a close to
juntos, -as together
jurado jury
juzgado court, jail

K

kilómetro kilometer (5/8 of a mile)

L

labio lip
lado side
  a...lado at... side

ladrar to bark
ladrón, -a thief
lago lake
langontina lobster
lanza lance
lanzar to throw
lanzarse to throw oneself, rush
lápiz *(m.)* pencil
lástima pity
  ¡Qué lástima! What a pity!
lavar to wash
lazo lasso
leal loyal
lección lesson
lectura reading
leche *(f.)* milk
leer to read
legendario, -a legendary
legumbre *(f.)* vegetable
lejos (de) far (from)
  a lo lejos in the distance
lema *(m.)* motto
lengua language; tongue
lentamente slowly
león *(m.)* lion
letrero sign
levantar to lift
levantarse to get up
leyenda legend, story
libra pound
libre free
  al aire libre in the fresh air
libro book
licencia license
  licencia para conducir driver's license
liceo high school
limpiar to clean
limpio, -a clean
lindo, -a pretty
lista list
listo, -a ready; clever
literario, -a literary
literatura literature
lobo wolf
loco, -a crazy
lograr to succeed, reach
lucha struggle
luchar to fight, struggle
luego then

desde luego certainly
lugar *(m.)* place
  en lugar de instead of
luna moon
lupa magnifying glass
luz *(f.)* light

LL

llama flame
llamada call
llamar to call
llamarse to be named
llanos plains
llanta tire
llegada arrival
llegar to arrive
  llegar a ser to become
llenarse to fill up
lleno, -a full
llevar to carry
  llevar una vida honrada to lead an honest life
  llevar los zapatos puestos to have shoes on
llevarse to wear
llorar to weep, cry
llover (ue) to rain
  llover (ue) a cántaros to pour
lluvia rain

M

madre mother
madrileño, -a inhabitant of Madrid
maestro, -a teacher, master
  obra maestra masterpiece
mágico, -a magic
magnífico, -a magnificent
Majestad Majesty
malcontento, -a discontented
maleta valise, suitcase
malo, -a bad
  lo malo evil
  salir mal to do, come out poorly
manco, -a one-armed person
mandar to send, order
manejar to drive, manage
manera manner, way
  de esta manera in this way

manjares *(f.)* food
mano *(f.)* hand
manuscrito manuscript
manzana apple, block
mañana tomorrow; morning
  mañana por la mañana tomorrow morning
maravilloso, -a marvelous
marcha march
  ponerse en marcha to start out
marido husband
marmita stewpot
Marte the planet Mars
más more
  cuanto más... tanto más the more... the more
  no más que only
  lo más pronto posible as soon as posible
mas but
máscara *(f.)* mask
matador *(m.)* bullfighter who kills the bull
matar to kill
materialista *(m., f.)* materialist
matrimonio married couple
mayor older, bigger
mayoría majority, most of
medio half
médico doctor
mediodía *(m.)* noon
medios means, fortune
mejor better
mejorar to improve
mencionar to mention
menor younger
menos minus, less
  por lo menos at least
mentir (ie) to tell a lie, lie
mentira lie
menudo, -a small, minute
  a menudo often
mercado market
merecer to deserve
mes *(m.)* month
mesa table
meter to put in
  meter miedo to frighten, scare
mezcla mixture
mezclar to mix

miedo fear
   meter miedo to frighten
   tener miedo a to be afraid of (a person)
miembro member
mientras while
   mientras tanto in the meanwhile
mil thousand
milla mile
millar *(m.)* thousand
minifalda miniskirt
mirar to look at
mirón, -a fool
misa mass
   Misa del Gallo Midnight Mass
misericordia pity
mismo, -a same
   lo mismo the same
   (yo) mismo I myself
   sí mismo him-, her-, yourself
mitad half
moda style
modo manner, method
   de otro modo otherwise
mojado, -a wet
   mojado hasta los huesos soaked to the skin
molestar to bother, annoy
molino mill
   molino de viento windmill
momento moment
montar to mount, climb up
   montar en caballo to ride a horse
moreno, -a brown, dark
morir (ue) to die
mosca fly
mostrar (ue) to show
motín *(m.)* riot
motocicleta motorcycle
mozo waiter
mucho, -a much
   muchísimo, -a very much
mudo, -a dumb
muerte *(f.)* death
muerto, -a dead
mover (ue) to move
mujer wife, woman
mundo world
   todo el mundo everybody
músculo muscle
museo museum
músico musician; musical
muy very

N

nacer to be born
nada nothing
   no tengo nada I have nothing (the matter with me)
nadar to swim
nadie nobody
naranja orange
naturalmente naturally
Navidad Christmas
necesitar to need
necio, -a foolish
negarse (ie) (a) to refuse (to)
negocio business
negro, -a black
nena, nene baby
nevar (ie) to snow
ni neither, nor
nieto, -a grandchild
ninguno, -a none, not one
niño, -a child
noche *(f.)* night
   por la noche at night
Nochebuena Christmas Eve
nombrar to name
nombre *(m.)* name
nota mark
notar to note, mark
noticias news
novela novel
nube *(f.)* cloud
nuevo, -a new
   de nuevo again
número number
nunca never

O

o or
obedecer to obey
obra work (of an artist)
   obra maestra masterpiece
obstante withstanding
   no obstante however

obtener to obtain
ocupado, -a busy
ocurrido, -a occured
   lo ocurrido what happened
oferta offer
oficina office
oficio job, position
ofrecer to offer
oír to hear
   oír hablar de to hear about
¡ojalá! God grant!
ojo eye
ola wave
oler (ue) to smell
olor odor
olvidar to forget
olla stewpot
ómnibus *(m.)* bus
opinar to give an opinion
oportunidad opportunity
opuesto, -a opposite
   dirección opuesta opposite direction
oración sentence
orden *(m.)* method, order
orden *(f.)* command
orgullo pride
orgulloso, -a proud
oreja (outer) ear
oro gold
orquesta orchestra
oscuridad darkness
oscuro, -a dark, obscure
otoño autumn
otro, -a other
   de otro modo otherwise

P

paciencia patience
paciente patient
pacífico, -a peaceful
padre father
   padres *(m.)* parents
pagar to pay
país *(m.)* country, nation
pájaro bird
pala shovel
palo stick
palabra word
pálido, -a pale

pampa great plain
pantalones *(m.)* pants
papá father
papel *(m.)* paper
paquete *(m.)* package
par *(m.)* pair
   de par en par wide open
para for (the purpose)
   para que in order that
   estar para to be ready to
paracaídas *(m.)* parachute
parecer to appear
partir to depart
   a partir de (hoy) from (today) on
pariente, -a relative
parte *(f.)* part
   por todas partes everywhere
pasar to pass, spend
   pasar por la calle to go through the street
pasado, -a past
   el año pasado last year
pasajero, -a passenger
pasaporte *(m.)* passport
Pascuas Easter
pasearse to take a walk
paseo walk
   dar un paseo to take a walk
pastel *(m.)* cake, pie
patio courtyard
patria native land
paz *(f.)* peace
pecado sin
pedazo lump, piece
pedir (i) to ask for
   pedir (i) prestado to borrow
pelear to fight
película film
pelo hair
peligro danger
peligroso, -a dangerous
peluca wig
pena punishment, penalty
   valer la pena to be worthwhile
pensar (ie) to think
pensamiento thought
peor worse
pequeño, -a small
percibir to perceive
perdedor, -a loser

perder (ie) to lose
   perder (ie) el tiempo to waste time
perdido, -a lost
perezoso, -a lazy
periódico newspaper
permiso permission
permitir to permit, allow
   la velocidad permitida speed limit
pero but
pertenecer to belong
perro dog
pesadilla nightmare
pesar to weigh
   a pesar de in spite of
pescado fish (that is caught)
pescar to fish
   caña de pescar fishing rod
pesetas Spanish coins
pez *(f.)* fish
piadoso, -a pious, religious
picador *(m.)* bullfighter on a horse who jabs the bull with a type of lance
pícaro, -a sly
pico beak
pie *(m.)* foot
   a pie, de pie on foot
piedra stone
pierna leg
pintor, -a painter
pintoresco, -a picturesque, colorful
pintura painting
piraña voracious, dangerous fish
piropear to flatter, flirt
pisada footprint
piso floor
placer pleasure
plagio plagerism, copying
planchar to iron, press
planchado, -a pressed, ironed
plata silver
plato plate, dish
playa beach
plaza square
   plaza de toros bullring
pleito lawsuit
plomo lead (metal)
pobre poor
pobreza poverty
poco, -a little, few

dentro de poco in a short time
poder (ue) to be able, can
poeta *(m.)* poet
policía *(m.)* policeman
policía *(f.)* police force
política politics; politician
pollo chicken
poner to put
   poner pleito to start a lawsuit
   ponerse en camino to start out
   ponerse en marcha to start out
ponerse a to begin to
ponerse (el sol) to set (sun)
por for
   por consiguiente consequently
   por lo general in general
   por lo menos at least
   por lo visto obviously
   ¿Por qué? Why?
   por ser because (he) was
   por si acaso in case
   por supuesto of course
   por todas partes everywhere
porción portion
porque because
poseer to possess
precioso, -a precious
preciso necessary
predeterminado, -a arranged, predetermined
predicho, -a predicted
preferencia preference
   por preferencia by choice
preguntar to ask
pregunta question
   hacer una pregunta to ask a question
premiar to award
premio prize
preocuparse (de) to worry (about)
preparar to prepare
presentar to introduce, present
prestado lent
   pedir prestado to ask to borrow
   tomar prestado to borrow
prestar to lend
   prestar atención to pay attention
prima de seguro insurance premium
primaria primary
primavera spring

primero, -a first
primo, -a cousin
principio beginning
  al principio at the beginning
prisa speed
  de prisa in a hurry
prisionero, -a prisoner
privado, -a private
  casa privada private house
probar (ue) to prove
prohibir to prohibit
  velocidad prohibida illegal speed
prometer to promise
pronto quickly
  lo más pronto posible as soon as possible
pronunciar to pronounce
  pronunciar un discurso to make a speech
propietario, -a proprietor, owner
propio, -a own
propósito purpose, intention
  a propósito by the way
protagonista *(m.)* main character in play
proteger to protect
proveedor *(m.)* provider, contractor
próximo, -a next
  la próxima vez next time
psicología psychology
psicólogo psychologist
psiquiatra *(m.)* psychiatrist
psiquiatría psychiatry
publicidad publicity
publicar to publish
pueblo town, people
puente *(m., f.)* bridge
puerta door
pues then
pulir to polish
pulsera bracelet
  reloj de pulsera wristwatch
punto point
  a punto de on the point of
  en punto exactly
puntuación punctuation
puñalada stab
puro, -a pure

Q

que who, whom, which, what, that, than
  ¿Qué? What?
  ¡Qué! What a!
  ¿Por qué? Why?
quedarse to remain, stay
queja complaint
quejarse to complain
quemar to burn
querer (ie) to want, wish, love
  querer decir to mean
querido, -a beloved, dear
queso cheese
quien, -es who, which
  ¿Quién, -es? Who?
  quienquiera whoever
  de quien whose
quinientos, -as five hundred
quinto, -a fifth
quizás perhaps

R

rabo tail
rama branch (of tree)
rápidamente rapidly
rascacielos skyscraper
rasgar to scratch
rastreador *(m.)* tracker
rastro track, trace
rayo ray
raza race of people
razón *(f.)* reason
  tener razón to be right
rebelde *(m.)* rebel
rebuzno bray
receptor *(m.)* receiver
recibir to receive
recién, reciente recent
  recién casado newlywed
recoger to pick up, gather
reconocer to recognize
recordar (ue) to remember
recto, -a honest
rechazar to reject
redondo, -a round
referirse a (ie) to refer to
refresco refreshment

regalar to make, give as a gift
regalo gift
regañar to snarl, scold
regla rule
regresar to come back, return
reír to laugh
reírse de to make fun of
relámpago lightning
reloj *(m.)* watch
   reloj de pulsera wristwatch
remar to row
rendirse to give up, surrender
renunciar to renounce, give up
repartir to share, divide
repente sudden movement
   de repente suddenly
reposar to rest
resbalar to slide
residir to reside, live
resolver (ue) to resolve, solve
respetar to respect
respirar to breathe
responder to answer
respuesta answer
resto remainder, rest
resuelto, -a resolved, determined
reunir to unite, get together
revelar to reveal, make known
revés reverse
   al revés upside down, backwards
revolucionario, -a revolutionary
ridículo, -a ridiculous
riesgo risk
río river
robar to steal
rodear (de) to surround (by)
rogar (ue) to beg
rojo, -a red
romper to break
ropa clothes
rostro face
roto, -a broken
rótulo sign
ruido noise
ruina ruin

S

saber to know (how)
sabio, -a wise, learned

saborear to enjoy, relish
sabroso, -a tasty
sacar to take out
saco sack, bag
sacudir to shake
sagrado, -a holy
sala hall, parlor
salida departure, exit
salir to go out, leave
   salir mal to do badly
salsa sauce
saltamontes *(m.)* grasshopper
saltar to jump
salud health
saludar to greet
salvaje savage, wild
salvar to save
sangre *(f.)* blood
sangriento, -a bloody
santo, -a holy, blessed
sartén *(f.)* frying pan
sed *(f.)* thirst
   tener sed to be thristy
seguido, -a continued
   en seguida immediately
seguir (i) to continue, follow
según according to
segundo, -a second
   de segunda mano second hand, used
seguro, -a sure
   premio de seguro insurance policy
selva forest
semana week
   una vez por semana once a week
sembrar (ie) to plant
semejante similar
semestre *(m.)* school term
semilla seed
sencillo, -a simple, easy
sentarse (ie) to sit down
sentirse (ie) to feel, regret
seña signal
señor, -a gentleman, lady
   señorito young man
separadamente separately
ser *(m.)* human being
ser to be
serio, -a serious
   en serio seriously

servir (ie) to serve
  servir de guía to serve as guide
si if, whether
sí yes; himself, herself, yourself, themselves, oneself
  sí mismo himself
  volver en sí to recover consciousness
siempre always
siendo que in view of the fact that
sierra mountain range; saw
siesta nap
  dormir la siesta to take a nap
significado meaning
significar to signify, mean
signo sign
siguiendo following
siguiente next
silla chair
simpático, -a congenial, pleasant
sin without
sincero, -a sincere
sino but
sinónimo synonym, word with same meaning
siquiera though
  ni siquiera not even
sirviente *(m.)* servant
sitio place
situado, -a situated
sobre on, over, upon
  sobre todo especially, above all
sobrepasar to surpass, overtake
sobretodo overcoat
socarrón, -a cunning, sly
socorro help
sol *(m.)* sun
  se pone el sol the sun sets
solamente only
soldado soldier
solo, -a single, alone
sólo only
soltero, -a bachelor, single woman
sombra shade
  sol y sombra seats at a bullfight that are in the sun for part of the time and in the shade for the rest of the time
sombrar to astonish
sonar to ring
soñar (con) to dream (about)

sonreír to smile
sonrisa smile
sopa soup
soplar to blow
sorber to sip, swallow
sordo, -a deaf
sorprender to surprise
sorpresa surprise
sospecha suspicion
sospechar to suspect
subir to raise, go up
  subir a to get on
subterráneo subway
suburbio suburb
suceder to happen
sucio, -a dirty
sudor *(m.)* sweat
suelo ground
suerte *(f.)* luck
sufrir to suffer
sugerir (ie) to suggest
suma sum, total
sumamente very
superior high, superior
supuesto, -a supposed
  por supuesto of course
sur south

T

tal, -es such
  tal vez perhaps
también also
tan so
tanto, -a so, as much
  mientras tanto in the meantime
  tanto uno como otro both one and the other
  tantos, -as so, as many
taquilla ticket office
taquillero, -a ticket seller
tardar to delay, be late
tarde *(f.)* afternoon, evening
tarea task, homework
tarjeta card
  tarjeta de visita visiting card
taza cup
té *(m.)* tea
teatro theater
tema *(m.)* theme, subject

temblar (ie) to tremble, shake
tempestad storm
temprano, -a early
tendero shopkeeper
tenedor *(m.)* fork
tener to have
   tener agarrado to hold tight
   tener algo to have something the matter
   tener calor to be warm
   tener buen éxito to be successful
   tener frío to be cold
   tener ganas de to feel like
   tener hambre *(f.)* to be hungry
   tener mal éxito to be unsuccessful
   tener miedo to be afraid
   tener que to have to
   tener razón to be right
   tener semejanza to have a resemblance
   tener vergüenza to be ashamed
tentar to try, tempt
tercero, -a third
terminar to end
tertulia party
testimonio testimony
tiempo time, weather
   a tiempo on time
   al mismo tiempo at the same time
   hacer buen tiempo to be good weather
   hacer mal tiempo to be bad weather
   todo el tiempo all the time
tienda store
tierra land, earth
tigre *(m.)* tiger
tímidamente timidly, shyly
tío, -a uncle, aunt
tiple soprano
tirar to throw; fire a gun
titular to entitle, name
título title
tiza chalk
tocar to touch; play
todavía still, yet
todo, -a all
   todo el día all day
   todo el mundo everybody
   todo un hombre a real man
   todos los días everyday

tono tone
tontería foolishness
tonto, -a foolish
toreador *(m.)* bullfighter
torero bullfighter
   cuadrilla de toreros bullfighting team
toro bull
   corrida de toros bullfight
   plaza de toros bullring
torpe dull
torta cake, tart
turrón *(m.)* Spanish candy
trabajador workman; hardworking
trabajo work
traducir to translate
traer to bring, take
tragar to swallow
traje *(m.)* clothes; suit
trampa trap
tranquilo, -a quiet, calm
transformación change, transformation
tras after
   uno tras otro one after the other
tratar to try
   tratar de to try to, deal with
trato business deal
través slant, slope
   a través de across
travesía crossroad
tren *(m.)* train
   subir al tren to get on the train
trepar to climb, scale
tribu *(f.)* tribe
tribunal *(m.)* court
tributario tributary, branch of river
tripulación crew
triste sad
tristeza sadness
   con tristeza sadly
tronco trunk (of a tree)
tropa troop of soldiers
tropezar (ie) to come upon, stumble
trovador minstrel, singer
trueno thunder
tumba tomb
turbado, -a upset, disturbed
turista *(m.)* tourist

U

u or
último, -a last
único, -a only
   dirección única one-way
unido united
universidad university
urgente urgent
uva grape

V

vaca cow
vacío, -a empty
vagabundo vagabond, bum
vajilla dishes
   lavar la vajilla to wash the dishes
valer to be worth
   valer la pena to be worthwhile
valerse de to avail oneself of
valentía bravery
valiente brave
vaquero herdsman
vaso glass
vecindad neighborhood
vecino, -a neighbor
vehículo vehicle
velocidad speed
   velocidad prohibida illegal speed
vencer to conquer
vendedor seller
vender to sell
vengarse to get revenge
venir to come
ventana window
   ventanilla little window
ver to see
   a mi ver in my opinion
verano summer
veras truth, reality
   de veras really, truly
verdad truth
verdadero, -a true, real
veredicto verdict, decision
vergüenza shame
vestido clothes, dress
vestirse (ie) to get dressed

vez *(f.)* time
   a la vez at the same time
   a veces at times
   de vez en cuando from time to time
   tal vez perhaps
viajar to travel
viaje *(m.)* trip
viajero, -a traveler
víctima victim
victoria victory
vida life
   ganar la vida to make, earn a living
   llevar una vida honrada to lead an honest life
viejo, -a old
viento wind
   molino de viento windmill
villancico Christmas carol
vino wine
visita visit
   tarjeta de visita visiting card
visitar to visit
víspera eve, day before
vista sight
víveres *(m.)* provisions
volar (ue) to fly
volver (ue) to return, come back
   volver a to do again
   volver en sí to regain consciousness
volverse (ue) to turn around
voz *(f.)* voice
   dar voces to shout
vuelta round, visit, turn

Y

y and
ya already

Z

zaguán *(m.)* hall, vestibule
zapato shoe
   llevar zapatos puestos to have shoes on
zorro fox

NTC SPANISH TEXTS AND MATERIAL

Computer Software
Basic Vocabulary on Computer

Graded Readers
Cuentitos simpáticos
Cuentos simpáticos
Diálogos simpáticos

Workbooks
Ya escribimos
¡A escribir!
Spanish Verb Drills

Exploratory Language Books
Getting Started in Spanish
Just Enough Spanish
Multilingual Phrase Book

Conversation Books
¡Empecemos a Charlar!
Basic Spanish Conversation
Everyday Conversations in Spanish

Contemporary Life and Culture
"En directo" desde España
Cartas de España
Voces de Puerto Rico
Panorama del mundo latinoamericano:
 The Andean Region
Tapas Series

Text and Audiocassette Learning Packages
Just Listen 'n Learn Spanish

Contemporary Culture—in English
Spain: Its People and Culture
Welcome to Spain
Life in a Spanish Town
Spanish Sign Language
Discovering Spain Series

Cross-Cultural Awareness
Encuentros culturales

Legends and History
Leyendas latinoamericanas
Leyendas de Puerto Rico
Leyendas de España
Leyendas mexicanas
Dos aventureros: De Soto y Coronado
Muchas facetas de México
Una mirada a España

Literary Adaptations
Don Quijote de la Mancha
El Cid
La Gitanilla
Tres novelas españolas
Dos novelas picarescas
Tres novelas latinoamericanas
Cuentos puertorriqueños
Joyas de lectura
Cuentos de hoy
Lazarillo de Tormes
La Celestina

High-Interest Readers
Señor Pepino Series
 La momia desaparece
 La casa embrujada
 El secuestro
Journeys to Adventure Series
 Un verano misterioso
 La herencia
 El Ojo de Agua
 El enredo
 El jaguar curioso

Puzzle and Game Books
Easy Spanish Crossword Puzzles
Easy Spanish Word Games & Puzzles
Pasatiempos para ampliar el vocabulario (Vol. I-IV)

Duplicating Masters
Lotería, Creative Vocabulary Bingo Games
Lotería, Creative Verb Bingo Games
Crucigramas para estudiantes
Rompecabezas para estudiantes
Pasatiempos
Buscapalabras
The Newspaper
The Sports Page

Handbooks and Reference Books
Complete Handbook of Spanish Verbs
Spanish Verbs and Essentials of Grammar
Guia de correspondencia española
Guia de modismos españoles

Dictionaries
Vox Modern Spanish and English Dictionary
Vox New College Spanish and English Dictionary
Vox Compact Spanish and English Dictionary
Vox Super-Mini Spanish and English Dictionary
Plus songbooks, games, tests, realia, and more!

For further information or a current catalog, write:
National Textbook Company
4255 West Touhy Avenue
Lincolnwood, Illinois 60646-1975 U.S.A.